Janneke Philippi

Lieblings
DESSERTS

MATTHAES VERLAG GMBH

ISBN 978-3-87515-400-9

© der deutschen Ausgabe: 2014 Matthaes Verlag GmbH
© der Originalausgabe: 2013 Karakter Uitgevers bv Uithoorn
ISBN der Originalausgabe 978 90 452 0603 5

Alle Rechte vorbehalten. Nachdruck und Verwendung des Werkes sowie Verbreitung durch Film, Funk, Fernsehen und Internet, durch fotomechanische Wiedergabe, Tonträger und Datenverarbeitungssysteme jeder Art nur mit schriftlicher Genehmigung des Verlags.

Konzept und Realisierung Studio Philippi
Rezept, Foodstyling & Styling Janneke Philippi
Fotografie und Gestaltung Serge Philippi
Übersetzung ins Deutsche Barbara Buchwalter
Lektorat der deutschen Ausgabe Ulrike Strerath-Bolz

Diese Ausgabe kam durch die Vermittlung von Sebes & Van Gelderen Literair Agentschap in Amsterdam, www.boekeenschrijver.nl zustande.

Hinweis
Alle Angaben des Buches sind sorgfältig erwogen und geprüft; dennoch kann eine Garantie für die inhaltliche Richtigkeit der Informationen oder deren rechtliche Zulässigkeit nicht übernommen werden. Eine Haftung des Autors bzw. des Verlags und dessen Beauftragter für Personen-, Sach- und Vermögensschäden, die aus der Verwendung der Informationen entstehen, ist ausgeschlossen.

Inhalt

Rhabarber 6
Schokolade 20
Crème brûlée 50
Kaffee 58
Altbackenes Brot 70
1 x Teig, 4 x Kuchen 86
Tiramisu 92
Joghurt & Quark 106
Kräuter 118
Desserts mit Gemüse 136
Pudding 144
Braten & Grillen 158
Parfait & Halbgefrorenes 172
Crumble & Streusel 184
Windbeutel 194
Eis 202
Reisdesserts 226

Ein Dessert
macht
aus jeder
Mahlzeit ein

FEST!

Vergessen Sie stundenlanges Kneten, Rühren und Backen in der Küche. Die meisten meiner Lieblingsdesserts und Kuchen sind in weniger als 30 Minuten fertig, und ich brauche dazu nur eine Handvoll Zutaten.

Und wenn Sie wirklich keine Zeit haben, um ein Dessert oder einen Kuchen zu machen, dann holen Sie eine Portion Schokoladenbällchen (Seite 43) aus dem Gefrierschrank, die schmecken sehr lecker.

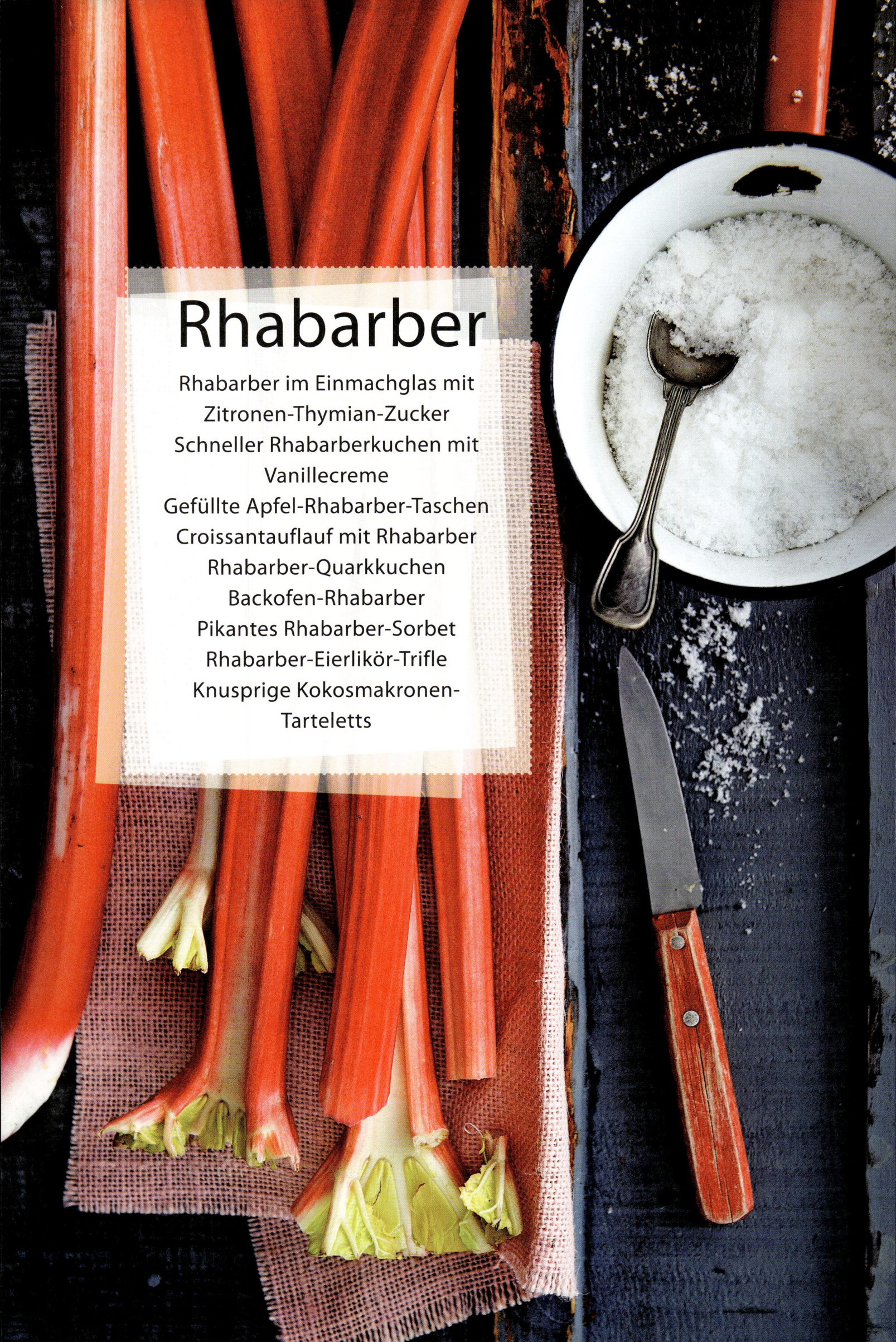

Rhabarber

Rhabarber im Einmachglas mit Zitronen-Thymian-Zucker
Schneller Rhabarberkuchen mit Vanillecreme
Gefüllte Apfel-Rhabarber-Taschen
Croissantauflauf mit Rhabarber
Rhabarber-Quarkkuchen
Backofen-Rhabarber
Pikantes Rhabarber-Sorbet
Rhabarber-Eierlikör-Trifle
Knusprige Kokosmakronen-Tarteletts

Rhabarber im EINMACHGLAS mit Zitronen-Thymian-Zucker

Schneller RHABARBERKUCHEN
mit Vanillecreme

Rhabarber im Einmachglas mit Zitronen-Thymian-Zucker

Für 4 Personen
1 Zitrone
2 Esslöffel brauner Zucker
1 Esslöffel frische Thymianblättchen
200 g Rhabarber
Vanilleeis oder nicht ganz steif geschlagene Schlagsahne, zum Servieren
- 4 Einmachgläser (Inhalt 250 ml)

Zitrone abwaschen. Die gelbe Schale dünn abreiben. Zitronenschale mit Zucker und Thymian vermischen.

Rhabarberstangen am unteren Ende abschneiden. Dicke Stangen der Länge nach halbieren, dann in 2–3 cm lange Stücke schneiden. Einmachgläser mit Rhabarberstücken und Zitronen-Thymian-Zucker füllen. Die Gläser schließen.

Die Einmachgläser nebeneinander in einem Topf auf ein sauberes Küchentuch stellen. So viel Wasser in den Topf füllen, dass sie zu drei Vierteln bedeckt sind. Das Wasser aufkochen. Den Deckel auf den Topf legen und den Rhabarber 20 Minuten sieden lassen. Der Rhabarber ist dann zart, und durch den Zitronen-Thymian-Zucker bildet sich im Glas frischer Saft.

Den Rhabarber warm oder bei Zimmertemperatur servieren. Die Einmachgläser öffnen und auf den Tisch stellen. 1 Kugel Vanilleeis oder einen Klacks Schlagsahne in die Gläser geben.

Zubereitung: 25 Minuten

> **Tipp** Einmachgläser sind ideal, um Desserts gut vorzubereiten, da sie im Voraus gefüllt werden können. Sie werden mit dem Deckel verschlossen und an einem kühlen Ort aufbewahrt.

Schneller Rhabarberkuchen mit Vanillecreme

Für 8 Personen
6 Platten TK-Blätterteig, aufgetaut
2 Esslöffel Vanillepuddingpulver
500 g Rhabarber
3 Esslöffel Zucker
1 verquirltes Ei
200 ml Crème fraîche
3–4 Esslöffel Vanillevla (am besten Bio-Ware)
Puderzucker
- Backblech, mit Backpapier belegt

Den Backofen auf 200 °C vorheizen. Teigplatten zusammenlegen und zu einer Teigscheibe mit 30 cm Durchmesser ausrollen. Auf das Backblech legen und mit einem Teesieb mit 1 Esslöffel Vanillepuddingpulver bestreuen. Rundherum einen 3 cm breiten Streifen freilassen.

Die unteren Enden der Rhabarberstangen abschneiden. Dicke Stangen der Länge nach halbieren, dann in 3 cm große Stücke schneiden. Die Hälfte des Rhabarbers auf dem Puddingpulver verteilen. Mit einem gehäuften Esslöffel Zucker bestreuen und mit dem restlichen Puddingpulver bestreuen. Den restlichen Rhabarber darauf verteilen und mit 1 gehäuften Esslöffel Zucker bestreuen.

Den Teig so einschlagen, dass der Rhabarber teilweise bedeckt ist. In der Mitte ein Loch mit 12 cm Durchmesser offen lassen. Den Teigrand mit Ei bestreichen und mit dem restlichen Zucker bestreuen.

Den Kuchen im vorgeheizten Ofen 25–30 Minuten goldbraun backen. In der Zwischenzeit die Crème fraîche locker mit dem Vanillevla verrühren. Kuchen mit Puderzucker bestreuen. Warm oder mit Zimmertemperatur zusammen mit der Vanillecrème servieren.

Zubereitung: 15 Minuten
Backen: 25–30 Minuten

> **Tipp** Manchmal bleibt von einem anderen Rezept etwas Rhabarber übrig. Den ergänze ich dann mit Himbeeren oder gewürfelten Apfelstücken auf 500 Gramm. Das schmeckt auch sehr lecker!

Vla ist ein niederländischer Fertigpudding, den es inzwischen auch in Deutschland im Kühlregal vieler Supermärkte gibt.

APFEL Rhabarber
TASCHEN mit Vanilleeis

Croissant AUFLAUF mit Rhabarber

Gefüllte Apfel-Rhabarber-Taschen

Für 4 Personen
50 g Rhabarber
1 kleiner frischer
Apfel, z.B. Elstar
3 Esslöffel Zucker
4 Platten TK-Blätterteig,
aufgetaut
1 verquirltes Ei
Puderzucker
4 Kugeln Vanilleeis
- Backblech, mit
Backpapier belegt

Den Backofen auf 200 °C vorheizen. Das untere Ende des Rhabarbers abschneiden und die Stangen in kleine Würfel schneiden. Den Apfel schälen und das Kernhaus entfernen. Apfel in kleine Würfel schneiden und mit dem Rhabarber vermischen. 2 Esslöffel Zucker unterrühren.

Die Apfel-Rhabarber-Mischung auf den Teigplatten verteilen. Den Rand der Teigplatten mit Ei bestreichen und diagonal zusammenfalten. Die Teigränder mit einer Gabel fest andrücken. Die Apfel-Rhabarber-Taschen auf das Backblech legen. Mit Ei bestreichen und mit dem restlichen Zucker bestreuen.

Die Apfel-Rhabarber-Taschen im vorgeheizten Backofen in etwa 20 Minuten goldbraun backen. Das Gebäck warm oder auf Zimmertemperatur abgekühlt auf 4 Teller legen. Mit Puderzucker bestäuben und mit 1 Kugel Vanilleeis servieren.

Zubereitung: 15 Minuten

Croissantauflauf mit Rhabarber

Für 4 Personen
4 Croissants vom Vortag
1 Ei
250 ml Vollmilch
75 g Zucker +
extra Zucker
1 Päckchen Vanillezucker
125 g Rhabarber
- Eingefettete Brot-,
Kuchen- oder Auflaufform,
24 x 14 cm

Den Backofen auf 200 °C vorheizen. Croissants in 5 cm dicke Scheiben schneiden. Ei mit Milch, Zucker und Vanillezucker in einer kleinen Schüssel verrühren. Croissantscheiben in diese Mischung legen und 5 Minuten einweichen lassen.

Das untere Ende des Rhabarbers abschneiden und die Stangen in 2 cm große Stücke schneiden. Croissantscheiben mit einem Schaumlöffel aus der Eimischung nehmen und mit dem Rhabarber in der Auflaufform verteilen. Die restliche Eimischung in die Form gießen und leicht andrücken. Die Oberfläche mit etwas Zucker bestreuen.

Den Croissant-Auflauf im vorgeheizten Backofen in 35–40 Minuten goldbraun backen.

Schmeckt besonders lecker mit einem Löffel Sahnejoghurt, Quark oder Sahneeis.

Zubereitung: 15 Minuten
Backen: 35–40 Minuten

Rhabarber-Quarkkuchen

Für 8–10 Personen
200 g Butter (Zimmertemperatur)
225 g Zucker
1 Päckchen Vanillezucker
3 Eier
100 g Quark
200 g Mehl
2 gestr. Teelöffel Backpulver
325 g Rhabarber
- Küchenmaschine oder Handrührer,
28 x 18 cm große Back- oder Auflaufform, mit Backpapier ausgelegt

Den Backofen auf 160 °C vorwärmen. Butter mit 200 Gramm Zucker, Vanillezucker und 1 Messerspitze Salz cremig rühren. Die Eier einzeln unterrühren, dann den Quark zugeben und zuletzt das Mehl einrühren. Die Quarkmischung in die Form füllen.

Das untere Ende des Rhabarbers abschneiden und die Stangen der Länge nach halbieren. Dicke Stängel nochmals halbieren. Rhabarber in 15 cm lange Stücke schneiden. Rhabarber auf den Quarkteig legen. Mit dem restlichen Zucker bestreuen.

Quarkkuchen im vorgeheizten Backofen in etwa 40 Minuten goldbraun backen.

Zubereiten: 20 Minuten
Backen: 40 Minuten

Tipp Der Quark macht den Kuchen frisch und saftig. Falls Sie keinen Quark im Haus haben, können Sie einfach 75 ml Joghurt oder Buttermilch verwenden. Der Effekt ist derselbe.

Jedes Frühjahr freue ich mich auf die säuerlichen roten Rhabarberstängel. Es ist unglaublich, was für zarte und süße Kuchen und Desserts man aus diesen harten, sauren Stängeln machen kann.

RhabarberQUARKkuchen

Backofen-Rhabarber

Grundrezept

Den Backofen auf 200 °C vorheizen. Das untere Ende von 600 Gramm Rhabarberstängeln abschneiden. Dicke Stängel der Länge nach halbieren. Rhabarber in eine große Auflaufform legen. Mit 5 Esslöffeln Zucker bestreuen. Die Form mit Alufolie abdecken. Rhabarber im vorgeheizten Backofen 10–15 Minuten garen.

Zubereiten: 5 Minuten
Backzeit : 10–15 Minuten

Grundrezepte, die man auf ganz verschiedene Weise verändern kann, finde ich toll. Dieses Rezept für Backofen-Rhabarber ist so eines. Frisch aus dem Ofen, mit einer Kugel Eis serviert, schmeckt der Rhabarber herrlich. Wenn man ihn abkühlen lässt und dann Kokosmakronen-Tarteletts oder ein Trifle damit macht, ist das immer ein Fest!

PIKANTES
Rhabarber-Sorbet

Rhabarber
EIERLIKÖR Trifle

Knusprige
KOKOSMAKRONEN
Tarteletts

Pikantes Rhabarber-Sorbet

Für 2 Personen

Den Saft von einem Grundrezept Backofen-Rhabarber auffangen und 150 ml davon abmessen. Mit 75 Gramm Zucker in einem Topf erhitzen. Den Zucker schmelzen lassen. 1 getrocknete und fein zerkleinerte Chilischote zugeben. Den Rhabarber-Sirup in eine große Gefrierdose füllen und auf Zimmertemperatur abkühlen lassen. Dann den Sirup 5–6 Stunden in den Gefrierschrank stellen. Das gefrierende Sorbet stündlich mit einer Gabel umrühren, damit die Eiskristalle zerbrochen werden. Das Sorbet aus dem Gefrierschrank nehmen, nochmals kräftig umrühren und auf 2 Gläser verteilen.

Zubereiten: 15 Minuten
Gefrieren: 5–6 Stunden

Rhabarber-Eierlikör-Trifle

Für 6 Personen

6 Scheiben Roomboterkake in Würfel schneiden und auf 6 Weingläser verteilen oder in eine große Schale legen. 1 Grundrezept Backofen-Rhabarber auf den Kuchenwürfeln verteilen. 500 Gramm Mascarpone mit 200 ml Sahne und 3 Esslöffeln Puderzucker zu einer festen Creme schlagen. 100 ml Eierlikör zugeben und auf den Rhabarber streichen. Das Trifle mindestens 2 Stunden zugedeckt in den Kühlschrank stellen. Mit gehobelten weißen Schokoladenstücken dekorieren.

Zubereiten: 20 Minuten
Kühlen: 2 Stunden

Knusprige Kokosmakronen-Tarteletts

Für 6 Personen
100 g Butter mit Zimmertemperatur
200 g Zucker
200 g Mehl
2 gestr. Teelöffel Backpulver
1 Eigelb
2 Esslöffel Milch
1 Grundrezept Backofen-Rhabarber
100 g Himbeeren
2 Eiweiß
75 g Kokosraspel
Puderzucker
- Küchenmaschine oder Handrührer mit Knethaken,
Frischhaltefolie,
6 eingefettete Tarlettformen mit 10 cm Durchmesser

Aus Butter, 100 g Zucker, Mehl, Eigelb, Milch und einer Prise Salz in der Küchenmaschine oder mit dem Handrührer einen Teig kneten. Zu einer Kugel formen, in Frischhaltefolie wickeln und 30 Minuten im Kühlschrank ruhen lassen.

Den Backofen auf 200 °C vorheizen. Den Teig auf einer bemehlten Arbeitsfläche 3 mm dick ausrollen. Die Backformen damit auskleiden. Rhabarber und Himbeeren auf die Teigböden geben.

Das Eiweiß steif schlagen, mit dem restlichen Zucker und Kokos mischen. Die Mischung auf den Tarteletts verteilen.

Im vorgeheizten Ofen 20–25 Minuten goldbraun und knusprig backen. Die Teigränder mit Puderzucker bestreuen.

Zubereiten: 25 Minuten
Kühlen: 30 Minuten
Backen: 20–25 Minuten

Schokolade

Rosmarintrüffel & Chilitrüffel
Moelleux au chocolat
Brownie & Blondie
NY Schokoladen-Karamell-Cheesecake
Schokoladenpäckchen
Weißes Schokoladenmousse-Karree mit Himbeeren
Französischer Schokoladenkuchen
Kleine Schokoladensoufflés
4 x Schokoladenmousse
Orangen-Schokoladenmousse-Torte
Kirschtorte
Frittierte Schokoladenbällchen
Torta Caprese
Schokoladen-Panna-Cotta

RosmarinTRÜFFEL
& Chilitrüffel
mit Meersalz

Rosmarintrüffel & Chilitrüffel mit Meersalz

Ergibt 20 Stück
100 ml Sahne
1 Rosmarinzweig
300 g dunkle Schokolade
(mind. 70% Kakaogehalt)
25 g Butter
(Zimmertemperatur)
Fleur de Sel und frisch
gemahlener Chili-Pfeffer
nach Belieben
4 Esslöffel Kakaopulver

50 ml Sahne mit Rosmarin zum Kochen bringen. Den Topf von der Platte nehmen und den Rosmarin wegwerfen. 125 Gramm in Stücke geschnittene Schokolade zur Sahne geben, wieder erhitzen. Die Schokolade langsam auf niedriger Hitze in der heißen Sahne schmelzen lassen. Die Hälfte der Butter in kleine Stücke schneiden und zugeben. Die Masse glatt rühren und in einen tiefen Teller schütten.

Die restlichen 50 ml Sahne mit 125 Gramm in Stücke geschnittener Schokolade erhitzen. Die Schokolade in der warmen Sahne schmelzen lassen. Die restliche Butter zufügen und glatt rühren. Fleur de Sel und gemahlenen Chili nach Geschmack hinzufügen. In einen tiefen Teller gießen. Beide Trüffelmassen auf Zimmertemperatur abkühlen lassen und 2 Stunden im Kühlschrank fest werden lassen.

Die restlichen 50 Gramm Schokolade raspeln. Aus jeder Trüffelmasse 10 Trüffel formen. Geriebene Schokolade und Kakaopulver jeweils in einen Teller geben. Rosmarintrüffel in Schokoladenraspeln wälzen, Chilitrüffel in Kakaopulver. Die Trüffel im Kühlschrank aufbewahren, aber vor dem Servieren herausnehmen, damit sie Zimmertemperatur annehmen. So schmecken sie seidig zart und haben einen vollmundigen Geschmack.

Zubereiten: 30 Minuten
Kühlen: 2 Stunden

Moelleux au chocolat

Für 6 Personen
150 g Butter
125 g grob gehackte
dunkle Schokolade
(mind. 70% Kakaogehalt)
4 Eier
100 g Zucker
75 g gesiebtes Mehl
2 Messerspitzen
Backpulver
- Handrüher oder
Küchenmaschine,
6 eingefettete
Souffléformen
(Inhalt: 150 ml)

Den Backofen auf 200 °C vorheizen. Schokolade und Butter auf niedriger Hitze in einem Topf schmelzen und glatt rühren.

Eier und Zucker mit dem Handrührer oder in der Küchenmaschine zu einer dicklichen, cremigen Masse rühren. Das Mehl mit einem Spatel unterheben und die Schokoladen-Butter-Mischung unterrühren. Den Teig in die Förmchen füllen und möglichst 2 Stunden in den Kühlschrank stellen.

Die kleinen Kuchen etwa 8 Minuten im vorgeheizten Backofen backen, bis die Oberfläche fest, das Innere aber noch flüssig ist. Die Kuchen 1–2 Minuten ruhen lassen und dann sehr vorsichtig aus den Formen lösen.

Zubereiten: 15 Minuten
Backen: 8 Minuten

> **Perfekt!** Diese Schokoladenkuchen finde ich perfekt für ein Abendessen mit Freunden. Ich fülle den Teig in die Förmchen und stelle diese bis zum Abendessen in den Kühlschrank. Denken Sie daran, die perfekten Schokoladenkuchen gelingen nicht gleich beim ersten Mal. Jeder Backofen heizt ein bisschen anders. Probieren Sie aus, welche Temperatureinstellung für Ihren Backofen die richtige ist.

MOELLEUX
au chocolat

BROWNIE

BLONDIE

Brownie

Für 12 Personen
225 g grob gehackte dunkle Schokolade (mind. 70% Kakaogehalt)
225 g Butter
3 Eier
325 g Zucker
150 g Mehl
1½ Teelöffel Backpulver
- Handrührer oder Küchenmaschine, Brownieform 28 x 18 cm, mit Backpapier ausgelegt

Den Backofen auf 180 °C vorheizen. Butter und Schokolade in einem Topf mit dickem Boden auf niedriger Temperatur langsam schmelzen. Die Mischung glatt rühren und den Topf von der Platte nehmen.

Eier und Zucker mit dem Handrührer oder in der Küchenmaschine zu einer dicklichen, cremigen Masse rühren. Die Schokoladen-Butter-Mischung langsam mit der Zucker-Ei-Masse verrühren. Das Mehl in 3 Portionen mit einem Spatel locker unterheben. Den Teig in die Formen füllen.

Brownies 30 Minuten im vorgeheizten Backofen backen, bis die Oberfläche fest ist. Das Innere soll noch weich und leicht flüssig sein. Brownies in der Form abkühlen lassen.

Zubereiten: 20 Minuten
Backen: 30 Minuten

Tipp Servieren Sie die Brownies mit einer Kugel Walnusseis oder mit einer großen Schale Himbeeren.

Blondie

Für 12 Personen
200 g grob gehackte weiße Schokolade
100 g Butter (Zimmertemperatur)
2 verquirlte Eier
100 g Zucker
150 g gesiebtes Mehl
1½ Teelöffel Backpulver
3 Esslöffel Brombeeren, Blaubeeren und/oder grob gehackte Walnüsse
- Brownieform 28 x 18 cm, mit Backpapier ausgelegt

Den Backofen auf 180 °C vorheizen. Butter und Schokolade in einem Topf mit dickem Boden auf niedriger Temperatur langsam schmelzen. Die Mischung glatt rühren und den Topf von der Platte nehmen. Auf Zimmertemperatur abkühlen lassen.

Den Zucker mit einem Holzlöffel einrühren, dann die Eier einzeln unterrühren. Das Mehl unterheben, dann den Teig in die Form füllen. Mit Brombeeren, Blaubeeren und/oder Walnüssen bestreuen.

Den Teig 25 Minuten im vorgewärmten Backofen backen. Blondies in der Form abkühlen lassen.

Zubereiten: 20 Minuten
Backen: 25 Minuten

Tipp Servieren Sie die Blondies mit Früchten und einer Kugel Vanilleeis.

Das klassische BROWNIES-Rezept lässt sich endlos variieren: mit verschiedenen Nüssen, Beeren, Kirschen oder Himbeeren, Erdnussbutter oder Kokosraspeln als Belag. Blondies sind Brownies, die mit WEIßER SCHOKOLADE zubereitet werden.

NY Schokoladen-Karamell-Cheesecake

Für 10–12 Personen
100 g Butter
200 g Haferkekse
275 g grob gehackte dunkle Schokolade (mind. 70% Kakaogehalt)
600 g Frischkäse 'Natur'
125 ml Crème fraîche
200 g Zucker
4 Eier
1 Dose gezuckerte Kondensmilch (397 Gramm), karamellisiert (siehe Seite 30)
2 Teelöffel Fleur de Sel
- Eingefettete Springform mit 24 cm Durchmesser, Backpapier, Küchenmaschine

Den Backofen auf 180 °C vorheizen. Den Boden der Springform großzügig mit Backpapier belegen, dann den Rand der Springform aufsetzen und schließen. Die Butter in einem Topf schmelzen. Die Haferkekse in der Küchenmaschine vermahlen und mit der geschmolzenen Butter vermischen. Die krümelige Masse auf den Boden der Springform geben und mit der Rückseite eines Löffels glatt streichen. Die Springform in den Kühlschrank stellen.

Die Schokolade in einer hitzebeständigen Schüssel über einem Topf mit heißem Wasser (Wasserbad) schmelzen. Darauf achten, dass die Schüssel das Wasser nicht berührt. Die Schüssel vom Topf nehmen und die Schokolade 5 Minuten abkühlen lassen.

In der Zwischenzeit den Frischkäse in der Küchenmaschine mit Crème fraîche und Zucker cremig rühren. Nach und nach die Eier zugeben. Die Schokolade mit dem Spatel unter die Frischkäsemischung rühren. Diese Masse auf dem Kuchenboden verteilen.

Den Cheesecake im vorgeheizten Backofen etwa 1 Stunde backen, bis die Oberfläche fest ist. Den Kuchen in der Form abkühlen lassen. Der Kuchen ist nun weich und sahnig. Wenn er noch 1 Stunde in den Kühlschrank gestellt wird, wird der Geschmack intensiver und der Boden knuspriger.

Den Karamell eine Schüssel gießen. Mit dem Schneebesen glatt rühren. Den Kuchen aus der Form nehmen. Den Karamell mit einem breiten Messer (Palettenmesser) auf den Cheesecake streichen. Mit Fleur de Sel bestreichen und in schöne Stücke schneiden.

Zubereiten: 30 Minuten + abkühlen
Backen: 1 Stunde

Schneller Karamell

Aus einer Dose gezuckerter Kondensmilch mache ich im Handumdrehen einen herrlichen Karamell. Im Handumdrehen, nun ja... es macht nicht viel Arbeit, aber man muss sehr aufmerksam sein: Die DOSE wird (ungeöffnet!) 4 STUNDEN in einen Topf MIT REICHLICH KOCHENDEM WASSER gestellt. Regelmäßig überprüfen, ob noch genügend Wasser im Topf ist. Nein? Dann müssen Sie sofort Wasser zugießen, denn es besteht Explosionsgefahr... Den Karamell vollständig abkühlen lassen, bevor Sie die Dose öffnen.
Dieser Karamell schmeckt herrlich in oder auf Kuchen, mit Eis oder als Füllung zwischen zwei (Schokoladen-)Keksen. In ungeöffneten Dosen kann der Karamell bestens aufbewahrt werden: Stellen Sie also gleich ein paar Dosen mehr in den Topf!

Schokoladenpäckchen

Für 4 Personen

Den Backofen auf 200 °C vorheizen. Von einer Tafel dunkler Schokolade mit Pralinéfüllung 4 Rippen abbrechen. Jede Rippe diagonal auf eine aufgetaute Blätterteigplatte legen. Die Ecken einschlagen und den Blätterteig zu kleinen Päckchen aufrollen. Auf ein mit Backpapier belegtes Blech legen und mit verquirltem Ei bestreichen. Die Schokoladenpäckchen 20–25 Minuten im Backofen goldbraun backen. Warm servieren.

Zubereiten: 10 Minuten
Backen: 20–25 Minuten

Weißes Schokoladenmousse-Karree mit Himbeeren

Aus Mehl, Butter, Zucker, Vanillezucker, Milch und einer Prise Salz in der Küchenmaschine mit dem Knethaken einen Teig kneten. Den Teig zu einer Kugel formen, in Frischhaltefolie wickeln und mindestens 30 Minuten im Kühlschrank ruhen lassen.

Den Backofen auf 180 °C vorheizen. Den Teig 2 mm dick ausrollen. Die Kuchenform damit auslegen. Ein großes Stück Backpapier auf den Teig legen und zum Blindbacken die getrockneten Bohnen einfüllen. Den Boden 15 Minuten im vorgeheizten Backofen backen. Das Backpapier und die Blindbackfüllung entfernen. Den Teig noch weitere 5 Minuten goldbraun backen. Den Teigboden abkühlen lassen.

Die Gelatine 5 Minuten in reichlich kaltem Wasser einweichen. 100 ml Schlagsahne in einem Topf erhitzen. Die Schokolade langsam auf niedriger Temperatur in der Sahne schmelzen lassen. Die Mischung glatt rühren, Vanillearoma und Himbeerlikör zugeben. Den Topf von der Platte nehmen und unter ständigem Rühren die gut ausgedrückte Gelatine zugeben. Auf Zimmertemperatur abkühlen lassen.

Die restlichen 125 ml Schlagsahne nicht ganz steif schlagen. Mit dem Handrührer mit sauberen Rührbesen das Eiweiß zu Schnee schlagen. Den Puderzucker in zwei Portionen zugeben und schlagen, bis im Eischnee Spitzen stehenbleiben. Die Schokoladenmischung mit dem Spatel unterheben, die geschlagene Sahne locker unterziehen.

Die Mousse auf den Teigboden streichen. Den Kuchen 1½ Stunden in den Kühlschrank stellen, damit die Mousse fest wird.

Die Himbeerkonfitüre mit 1 Esslöffel Wasser erhitzen. Durch ein Sieb streichen und auf Zimmertemperatur abkühlen lassen. Die Himbeeren auf den Kuchen setzen, die Himbeerkonfitüre mit dem Löffel verteilen.

Für 8 Personen
125 gesiebtes Gramm Mehl
75 g Butter (Zimmertemperatur)
75 g Zucker
1 Päckchen Vanillezucker
1 Esslöffel Milch
2 Blatt Gelatine
225 ml Schlagsahne
150 g grob gehackte weiße Schokolade
1 Teelöffel Vanillearoma
2 Esslöffel Himbeerlikör
1 großes Eiweiß
3 Esslöffel Puderzucker
3 Esslöffel Himbeerkonfitüre
300 g Himbeeren
- Handrührer mit Knethaken und Rührbesen, oder eine Küchenmaschine, Frischhaltefolie, eine eingefettete Backform (22 x 22 cm) mit Hebeboden, Backpapier, getrocknete Bohnenkerne, Kichererbsen o.ä. zum Blindbacken

Zubereiten: 30 Minuten
Kühlen: 2 Stunden
Backen: 20 Minuten

Tipp Der Sommer ist vorbei? Lassen Sie die Himbeeren einfach weg und bestreuen Sie den Kuchen mit weißen Schokoladenraspeln und etwas Zimt.

Weißes SCHOKOLADENMOUSSE Karree mit Himbeeren

Französischer
SCHOKOLADENkuchen

Die Franzosen sind die Meister der klassischen Desserts. Für diesen Kuchen braucht man dieselbe Menge Schokolade, Butter, Zucker und Eier. KEIN MEHL! Nach einmal Backen brauchen Sie schon kein Rezept mehr und können diesen Kuchen – zumindest theoretisch – spontan auf einem FEST backen. Wie auch immer, spontan gebacken oder nicht, er ist immer ein Erfolg.

Für eine Springform mit 20 cm Durchmesser braucht man von allen Zutaten (Butter, Schokolade, Eier, Zucker) dieselbe Menge, jeweils 200 Gramm. Den Backofen auf 180 °C vorheizen. Butter und Schokolade auf niedriger Temperatur schmelzen und auf Zimmertemperatur abkühlen lassen. Eigelb und Eiweiß trennen. Eigelb mit Zucker weißschaumig rühren. Eiweiß mit 1 Prise Salz in einer anderen Schüssel mit sauberen Rührbesen zu festem Schnee schlagen. Schokoladenbutter unter die Eier-Zucker-Mischung rühren. Eischnee mit einem Spatel unterziehen. Den Teig in die eingefettete Backform füllen. Den Kuchen im vorgeheizten Backofen 45 Minuten backen, bis die Oberfläche fest, das Innere aber noch weich und flüssig ist. Den Kuchen vollständig abkühlen lassen und dann in 8–10 Stücke schneiden.

Zubereiten: 20 Minuten
Backen: 45 Minuten

Pssst! Verwenden Sie für diesen Schokoladenkuchen mittelgroße Eier. Ein mittelgroßes Ei wiegt 50 Gramm.

Kleine Schokoladensoufflés

Für 6 Personen
25 g Butter + extra Butter
30 g Mehl
175 ml Vollmilch
125 fein gehackte dunkle Schokolade (mind. 70% Kakaogehalt)
6 Esslöffel Zucker + extra Zucker
3 Eier
Puderzucker
- 6 Souffléformen (Inhalt: 125 ml), Handrührer oder Küchenmaschine

Den Backofen auf 180 °C vorheizen. Die Förmchen mit etwas Butter einfetten und mit Zucker bestreuen. Den überschüssigen Zucker abklopfen.

Butter in einem Topf schmelzen. Das Mehl mit einem Holzlöffel einrühren und 1 Minute sanft erhitzen, ohne dass es braun wird. Nach und nach die Milch einrühren und zu einer glatten Masse verrühren.

Den Topf von der Platte nehmen. 3 Esslöffel Zucker und die Schokolade hinzufügen und wieder alles glatt rühren. Den Topf noch kurz auf kleiner Hitze erhitzen, wenn die Schokolade noch nicht vollständig geschmolzen ist.

Eiweiß und Eigelb trennen. Den Topf von der Platte nehmen und die Eigelb in die Schokolade rühren. Die Eiweiß in einer sauberen Schüssel mit dem Handrührer oder in der Küchenmaschine mit einer Prise Salz zu festem Schnee schlagen. Den Eischnee locker unter die Schokoladenmasse heben.

Den Teig bis 1 cm unter den Rand in die Souffléformen füllen. Im vorgeheizten Backofen 15 Minuten backen. Währenddessen den Backofen nicht öffnen, denn sonst fällt das schön aufgegangene Soufflé sofort in sich zusammen. Soufflés aus dem Backofen nehmen, mit Puderzucker bestreuen und sofort servieren.

Zubereiten: 25 Minuten
Backen: 15 Minuten

Klassisches Duo Schokolade und Orange sind ein klassisches Duo. Für ein Schokoladen-Orangensoufflé wird die abgeriebene Schale einer Orange zum Eischnee gegeben. Servieren Sie dieses Soufflé mit einem Gläschen Orangenlikör.

Kleine Schokoladen
SOUFFLÉS

10-Minuten-Mokkamousse

Cognacmousse

Marmormousse

Schokoladenmousse mit Olivenöl

Orangen SCHOKOLADENMOUSSE Torte

10-Minuten-Mokkamousse

Für 4 Personen
200 ml Schlagsahne mit 2 Esslöffeln löslichem Kaffee zum Kochen bringen und den Kaffee auflösen. 150 Gramm dunkle grob gehackte Schokolade in der warmen Kaffeesahne schmelzen und glatt rühren. Von der Platte nehmen. 2 Esslöffel Kaffeelikör einrühren und die Masse auf 4 Kaffeetassen verteilen. Die Mousse zum Festwerden mindestens 2 Stunden in den Kühlschrank stellen. 1 Esslöffel löslichen Kaffee mit 1 Esslöffel Kakaopulver durch ein Sieb streichen. Die Mokkamousse damit bestreuen.

Zubereiten: 10 Minuten
Kühlen: 2 Stunden

Cognacmousse

Für 4 Personen
200 ml Schlagsahne nicht ganz steif schlagen. 2 Eier trennen. Das Eiweiß zu Schnee schlagen. 50 Gramm Puderzucker in 2 Portionen unter den Eischnee rühren. 150 Gramm dunkle Schokolade grob hacken und in einer hitzefesten Schüssel über heißem Wasser (Wasserbad) schmelzen. Die Schüssel darf das Wasser nicht berühren. Die Schüssel vom Topf nehmen. Eigelb unter die geschmolzene Schokolade rühren. Geschlagene Sahne, Eischnee und 50 ml Cognac nacheinander zugeben und unterheben. 50 Gramm dunkle Schokolade raspeln und die Mousse damit bestreuen.

Zubereiten: 20 Minuten
Kühlen: 2 Stunden

> **Schokoladenraspel** Setzen Sie ein scharfes Messer in einem Winkel von 45 Grad auf die Schokolade. Bewegen sie das Messer auf sich zu und raspeln sie schöne Stücke ab.

Marmormousse

Für 4 Personen
150 Gramm grob gehackte Milchschokolade in einer hitzefesten Schüssel über heißem Wasser (Wasserbad) schmelzen. Die Schüssel darf das Wasser nicht berühren. 150 Gramm grob gehackte weiße Schokolade ebenfalls schmelzen. In der Zwischenzeit 125 ml Schlagsahne nicht ganz steif schlagen. Eiweiß und Eigelb von 2 Eiern trennen. Eiweiß zu Schnee schlagen. Die Milchschokolade von der Platte nehmen und das Eigelb einrühren. Locker mit der geschlagenen Sahne vermischen und den Eischnee unterziehen. Dann die geschmolzene weiße Schokolade in 3–4 Umdrehungen unter die Mousse ziehen, damit ein schöner Marmoreffekt entsteht. Die Mousse in eine große Schale oder in 4 Gläser oder Schälchen füllen. Mindestens 2 Stunden im Kühlschrank fest werden lassen.

Zubereiten: 20 Minuten
Kühlen: 2 Stunden

> **Tip** Wenn die weiße Schokolade nicht schmelzen will, raspeln Sie sie einfach in kleine Stücke. Dann die Splitter unter die Mousse heben.

Schokoladenmousse mit Olivenöl

Für 4 Personen
200 ml Schlagsahne nicht ganz steif schlagen. 2 Eier trennen. Das Eiweiß zu Schnee schlagen. 50 Gramm Puderzucker in 2 Portionen unter den Eischnee rühren. 150 Gramm dunkle Schokolade grob hacken und in einer hitzefesten Schüssel über heißem Wasser (Wasserbad) schmelzen. Die Schüssel darf das Wasser nicht berühren. Die Schüssel vom Topf nehmen. Erst Eigelb, dann 50 ml Olivenöl extra vergine in die Schokolade rühren. Die Schlagsahne und dann den Eischnee luftig unterheben. Die Mousse in eine große Schale oder in 4 Gläser oder Schälchen füllen. Mindestens 2 Stunden im Kühlschrank fest werden lassen. Zum Servieren noch mit etwas Olivenöl beträufeln.

Zubereiten: 20 Minuten
Kühlen: 2 Stunden

Orangen-Schokoladenmousse-Torte

Für 8–10 Personen
2 Eier
225 g Zucker
75 g Mehl
1½ Teelöffel Backpulver
1 gehäufter Esslöffel
Kakaopulver
2 Esslöffel Orangenlikör
3 Esslöffel
Orangenmarmelade
400 ml Schlagsahne
350 g fein gehackte
dunkle Schokolade
(mind. 70% Kakaogehalt)
- Eingefettete Springform
mit 20 cm Durchmesser,
Handrührer oder
Küchenmaschine

Den Backofen auf 180 °C vorheizen. Backpapier auf den Boden der Springform legen und die Form schließen. Mit dem Handrührer oder in der Küchenmaschine die Eier mit 75 Gramm Zucker zu einer blassgelben Creme schlagen, die in einem breiten Band vom Rührbesen fließt. Mehl und Kakaopulver über die Creme sieben und mit einem Spatel locker unterheben. Die Schokoladenmischung in die Springform füllen.

Den Biskuitboden im vorgeheizten Backofen 15 Minuten backen. Den Boden aus der Form nehmen (das Backpapier in der Form belassen). Boden und Backform abkühlen lassen. Den Rand der Backform mit Backpapier auslegen. Den oberen Teil des Biskuits abschneiden und den Boden mit Orangenlikör beträufeln. Den Biskuitboden in die Form zurücklegen. Die Oberseite des Biskuitbodens ebenfalls mit Orangenlikör beträufeln und mit Orangenmarmelade bestreichen.

Die Sahne steif schlagen. Die restlichen 150 Gramm Zucker mit 75 ml Wasser in einen Topf geben und zum Kochen bringen. Regelmäßig umrühren, bis der Zuckersirup fertig ist. Den Topf von der Platte nehmen. Die Schokolade zugeben und unter Rühren im warmen Zuckersirup schmelzen.

Die Schokoladenmischung in eine Schüssel schütten und abkühlen lassen. Die geschlagene Sahne in 4 Portionen unterziehen. Die Schokoladenmousse in die Form füllen. Die Torte zum Festwerden mindestens 2 Stunden in den Kühlschrank stellen.

Zubereiten: 30 Minuten
Backen: 15 Minuten
Kühlen: 2 Stunden

KIRSCH
torte

Eine leckere Torte mit einem klassischen Duo: Schokolade und Kirschen!

Frittierte
SCHOKOLADENBÄLLCHEN

Kirschtorte

Für 8 Personen
1 Flasche Kirschbier
(250 ml)
250 g Butter
2 Eier
3 Esslöffel Crème fraîche
1 Päckchen Vanillezucker
300 g Zucker
250 g Mehl
½ Päckchen Backpulver
80 g Kakaopulver
+ extra Kakaopulver
200 g entsteinte Kirschen
(frisch oder aus dem Glas)
200 ml Schlagsahne
- Eingefettete Springform
mit 20 cm Durchmesser

Den Backofen auf 180 °C vorheizen. Kirschbier in einem Topf mit Butter erhitzen. Den Topf von der Platte nehmen, sobald die Butter geschmolzen ist.

Eier mit Crème fraîche und Vanillezucker in einer Schüssel verrühren. Den Zucker einrühren. Mehl mit Backpulver und Kakaopulver darübersieben und mit einem Spatel locker unterheben.

Bierbutter in kleinen Mengen zugeben und glatt rühren. Die Masse in die Form füllen. Im vorgeheizten Backofen 1 Stunde backen.

Die Torte in der Form abkühlen lassen. Aus der Backform nehmen und in der Mitte quer durchschneiden. Die Kirschen grob hacken. Die Schlagsahne steif schlagen.

Kirschen und geschlagene Sahne auf der unteren Tortenschicht verteilen. Die obere Hälfte wieder auflegen. Kakaopulver in ein Teesieb geben und die Torte damit bestäuben.

Zubereiten: 15 Minuten
Backen: 1 Stunde

> **Variante** Die untere Tortenschicht mit Kirschwasser beträufeln und dick mit Kirschkonfitüre bestreichen. Die obere Hälfte wieder auflegen und mit Schokoladenguss überziehen: 100 Gramm dunkle Schokolade im Wasserbad schmelzen. Die Schokolade vom Topf herunternehmen und in 3–4 Portionen 50 Gramm Puderzucker einrühren. 50 Gramm weiche, in kleine Stücke geschnittene Butter zur Schokolade geben und rühren, bis die Masse glatt und glänzend ist. 2–3 Esslöffel kaltes Wasser zugeben und glatt rühren. Die Torte damit bestreichen und in den Kühlschrank stellen, damit die Schokolade knackig wird.

Frittierte Schokoladenbällchen

Für 4 Personen
125 g grob zerkleinerte
dunkle Schokolade
(mind. 70% Kakaogehalt)
100 ml Schlagsahne
4 Esslöffel Mehl
100 g Paniermehl
2 Eier
Öl zum Frittieren

Schokolade auf kleiner Hitze in der Schlagsahne schmelzen. Diese Schokoladensahne (Ganache) glatt rühren und in einen tiefen Teller schütten. Die Ganache 2 Stunden in den Kühlschrank stellen und fest werden lassen.

Die Ganache in 12 Portionen teilen und zu runden Bällchen formen. Mehl und Paniermehl jeweils in einen tiefen Teller geben. Die Eier in einem tiefen Teller leicht verquirlen. Die Schokoladenbällchen erst in Mehl, dann in Ei und zuletzt im Paniermehl wälzen. Die Bällchen ein zweites Mal in Ei und Paniermehl wälzen.

Die Schokoladenbällchen auf einen mit Backpapier belegten Teller legen und mindestens 30 Minuten in den Gefrierschrank stellen.

Das Frittieröl auf 180 °C erhitzen. Die Bällchen in 2–3 Portionen im heißen Frittieröl 1–2 Minuten goldbraun frittieren.

Zubereiten: 30 Minuten
Kühlen: 2 Stunden

> **Tipp** Gehackte Walnüsse unter das Paniermehl mischen und einen Schuss Walnusslikör in die Schokoladenfüllung rühren.

Torta
CAPRESE

Torta Caprese

Für 10 Personen
250 g Mandeln
250 g in Stücke geschnittene dunkle Schokolade (mind. 70 % Kakaogehalt)
225 g Butter (Zimmertemperatur)
175 g Zucker
5 Eier, getrennt
Puderzucker
- Küchenmaschine oder Stabmixer mit Hackmesser, eingefettete Springform

Die Mandeln in einer Pfanne ohne Fett rösten und auf einen Teller schütten. Die Mandeln in der Küchenmaschine hacken oder mit dem Stabmixer zerkleinern.

Den Backofen auf 180 °C vorheizen. Die Schokolade in einer hitzebeständigen Schüssel über einem Topf mit heißem Wasser (Wasserbad) schmelzen. Darauf achten, dass die Schüssel das Wasser nicht berührt. Die Schüssel vom Topf nehmen und die Schokolade auf Zimmertemperatur abkühlen lassen.

In der Zwischenzeit die Butter mit 100 Gramm Zucker schaumig rühren. Die Eigelb einzeln einrühren. Dann die geschmolzene Schokolade und die Mandeln unterrühren.

Die Eiweiß in einer sauberen Schüssel zu Schnee schlagen. Die restlichen 75 Gramm Zucker in 2 Portionen zugeben. Den Eischnee locker unter die Schokoladenmasse heben. Die Masse in die Backform füllen.

Den Schokoladenkuchen im vorgeheizten Backofen 45–50 Minuten backen. Den Kuchen in der Form abkühlen lassen und mit Puderzucker bestäuben.

Zubereiten: 30 Minuten
Backen: 45–50 Minuten + abkühlen

Capri Dieser feine Kuchen kommt von der wunderschönen italienischen Insel Capri, die in der Bucht von Neapel liegt. Er enthält kein Mehl und kann daher auch von Familienmitgliedern oder Freunden gegessen werden, die kein Gluten vertragen.

Schokolade schmelzen Schokolade verbrennt sehr schnell, weiße Schokolode und Vollmilchschokolade noch schneller als dunkle Schokolade. Schokolade am besten in einer hitzebeständigen Schüssel über einem Topf mit siedendem Wasser schmelzen. (Wasserbad). Darauf achten, dass die Schüssel das Wasser nicht berührt: Bei zu großer Hitze könnte die Schokolade auch hier verbrennen. Die Schüssel vom Topf nehmen, sobald die Schokolade geschmolzen ist. Wenn ich mal keine Geduld habe, dann schmelze ich die Schokolade auch in der Mikrowelle. Aber aufgepasst, in der Mikrowelle kann die Schokolade schnell überhitzen. Die Schokolade in kleine Stücke brechen und in eine mikrowellengeeignete Schüssel geben. Die Schokolade 30 Sekunden auf höchster Stufe schmelzen und dann umrühren, denn geschmolzene Schokolade behält ihre Form. Erhitzen und umrühren, bis die ganze Schokolade geschmolzen ist.

Schokoladenplatte Ich finde es ganz herrlich und sehr gesellig, ein Abendessen mit einer reichen Auswahl an Schokolade abzuschließen. Stellen Sie eine schöne Auswahl von verschiedenen Schokoladensorten zusammen. Zu den größeren Stücken legen Sie am besten ein scharfes Messer dazu. Die Schokolade schmeckt am besten, wenn sie Zimmertemperatur hat. Ich serviere meistens noch kleine Gläser mit Schokoladenmousse dazu. Ein guter Tipp: Essen Sie die Schokolade mit 'aufsteigendem' Kakaogehalt. Beginnen Sie mit der Schokolade mit dem geringsten Kakaogehalt und lassen Sie sie immer langsam auf der Zunge zergehen. Servieren Sie eine Schale mit frischem Obst dazu, das schmeckt lecker.

Schokolade und Wein ist eine magische Kombination. In einer Bodega im Baskenland habe ich einmal einen 100% Tempranillo mit Milchschokoladentrüffeln getrunken, eine wunderbare Kombination. Beim Kombinieren von Wein und Schokolade gilt: Je höher der Kakaogehalt ist, desto intensiver kann der Wein sein. Wählen Sie weiße Schokolade (die keinen Kakao enthält!) für einen süßen Weißwein wie Moscatel oder einen Schaumwein. Sahnige Vollmilchschokolade passt gut zu einem vollmundigen Merlot oder zu einem Medium- oder Cream-Sherry. Für Desserts mit intensiver dunkler Schokolade nehme ich gerne Klassiker wie Banyuls, einen guten Portwein (Late bottled vintage) oder reinen PX-Sherry.

Schoko-Espresso Espresso mit grob gehackter dunkler Schokolade servieren. Die Schokolade im Espresso schmelzen lassen.

Echte Schokoladenmilch Die absolut allerleckerste Schokoladenmilch können Sie mit Ihrer Lieblingsschokolade ganz einfach selbst machen. Ob das nun weiße Schokolade ist, Vollmilchschokolade oder dunkle Schokolade, eventuell mit Orange oder Chili, das spielt keine Rolle. Pro Person 200 ml Vollmilch in einem Topf aufkochen. Die heiße Milch in einen Becher oder in ein Glas gießen und 25 Gramm Schokolade zugeben. Mit einem langen Löffel umrühren. Die Schokolade durch das Umrühren in der warmen Milch schmelzen. Ganz besonders lecker schmeckt die Schokoladenmilch mit einen Schuss Schokoladen-, Kaffee- oder Mandarinenlikör.

Schokoladenfondue Für 4 Personen 200 Gramm Vollmilch oder dunkle Schokolade mit 100 ml Schlagsahne in einem Topf langsam schmelzen und glatt rühren. Zusammen mit Erdbeeren, Himbeeren, Kirschen, Orangen- oder Feigenstücken zum Eintunken servieren. Ganz lecker schmecken auch kleine Windbeutel oder Amaretti dazu.

Schokoladen-Panna-Cotta

Für 4 Personen
3 Blatt Gelatine
500 ml Schlagsahne
50 g Zucker
200 g grob zerkleinerte
dunkle Schokolade
(mind. 70 % Kakaogehalt)
3 Esslöffel Kaffee- oder
Walnusslikör
50 g Milchschokolade
- 4 Puddingformen
(Inhalt: 150 ml)

Die Gelatine 5 Minuten in reichlich kaltem Wasser einweichen. Schlagsahne und Zucker in einem Topf aufkochen. Umrühren, bis sich der Zucker aufgelöst hat. Die Schokolade hinzufügen und langsam in der warmen Sahne schmelzen lassen.

Den Topf von der Platte nehmen. Unter Rühren die gut ausgedrückte Gelatine in der Schokolade auflösen. Den Likör hinzufügen. Die Puddingformen mit kaltem Wasser ausspülen und abtropfen lassen (nicht abtrocknen!). Die Schokoladensahne in die Formen füllen und auf Zimmertemperatur abkühlen lassen.

Die Puddingformen mindestens 3 Stunden in den Kühlschrank stellen, bis sie fest sind. In der Zwischenzeit die Milchschokolade raspeln.

Die Puddingformen kurz in heißes Wasser halten. Eventuell noch mit einem Messer am Rand der Formen entlangfahren und den Pudding von der Form ablösen. Einen Teller auf die Formen legen, beides zusammen umdrehen und die Form entfernen. Den Pudding mit Schokoladenraspeln bestreuen.

Zubereiten: 20 Minuten
Kühlen: 3 Stunden

Crème brûlée mit Brombeeren

Crème brûlée

Zitronen-Rosmarin-Crème-brûlée

Crème brûlée

Eine samtige Crème mit schwarzen Vanillepunkten unter einer knusprigen Zuckerschicht... dieses klassische französische Dessert steht auf vielen Dessertkarten noch immer ganz oben und das zu Recht!

Einen Crème-brûlée-Brenner oder Küchen-Bunsenbrenner kann man heute günstig kaufen. Er ist ein 'Must-have' für eine gelungene Karamellschicht. Oder Sie verwenden einen klassischen Karamellisierer mit langem Stiel, der noch in vielen Läden für Kochutensilien zu finden ist.

Fertig oder nicht? Die genaue Garzeit ist abhängig von der Form der Schälchen, in denen die Creme zubereitet wird. Nehmen Sie die Creme aus dem Ofen, wenn sie sich fest anfühlt, in der Mitte aber noch ziemlich flüssig ist. Noch nicht ganz gar? Stellen Sie die Creme nochmals 5 Minuten in den Backofen und überprüfen Sie dann wieder, ob sie gar ist.

Kalt! Die Creme der Creme brûlée sollte kalt sein, aber die knusprige Karamellschicht, auf die man mit dem Löffel so gut klopfen kann, muss warm sein. Stellen Sie die Creme brûlée also immer ein paar Stunden, oder auch über Nacht, in den Kühlschrank.

Crème brûlée

Für 6 Personen
600 ml Schlagsahne
1 Vanilleschote, der Länge nach aufgeschnitten
8 Eigelb
100 g Zucker +
extra Zucker
- 6 ofenfeste Schälchen (Inhalt 100 ml),
Auflaufform oder Bratwanne, Alufolie, Crème-brûlée-Brenner

Schlagsahne und Vanilleschote in einem Topf zum Kochen bringen. Den Topf von der Platte nehmen und den Deckel auflegen. Die Vanillesahne 20 Minuten ruhen lassen.

Den Backofen auf 140 °C vorheizen. Die Vanilleschote aus der Sahne nehmen und mit der Spitze eines scharfen Messers das Vanillemark abkratzen und in die Sahne geben.

Eigelb und Zucker mit dem Rührbesen cremig schlagen. Vanillesahne durch ein Sieb gießen und unter ständigem Rühren zur Eigelb-Zuckermischung geben. Die Schälchen in die Auflaufform stellen und die Creme einfüllen. Die Auflaufform maximal bis zur halben Höhe der Schälchen mit heißem Wasser füllen (es darf nicht kochen!). Die Auflaufform locker mit Alufolie bedecken.

Die Creme ungefähr 50 Minuten im vorgeheizten Backofen stocken lassen, bis sie sich fest anfühlt. Die Schälchen aus dem Wasser nehmen und abkühlen lassen. Abgedeckt mindestens 2 Stunden in den Kühlschrank stellen, damit sie durch und durch abkühlen.

Die Creme mit einer dünnen Zuckerschicht bestreuen. Den Zucker mit einem Crème-brûlée-Brenner karamellisieren, bis er goldgelb ist. Die Crème brûlée sofort servieren.

Zubereiten: 30 Minuten
Backen: 50 Minuten + abkühlen
Kühlen: 2 Stunden

Sie haben keinen Backofen? Dann machen Sie doch mal eine Crema Catalana! Für dieses klassische katalanische Dessert werden 400 Gramm Schlagsahne mit etwas abgeriebener Zitronen- oder Orangenschale und 1 Zimtstange aufgekocht. Die Sahne auf kleiner Hitze zugedeckt 15 Minuten ziehen lassen. In der Zwischenzeit 2 ganze Eier mit 4 Eigelb und 1 Päckchen Vanillezucker weißschaumig rühren. Die warme Sahne unter ständigem Rühren in einem dünnen Strahl in die Eiercreme rühren. Alles wieder in den Topf zurückschütten und auf ganz niedriger Temperatur 15–20 Minuten unter ständigem Rühren erhitzen, bis die Creme dicker wird. Die Creme kann auch im Wasserbad zubereitet werden. Die Creme in 6 kleine Formen mit 100 ml Inhalt füllen. Zuerst abkühlen lassen, dann noch 2–3 Stunden zum Festwerden in den Kühlschrank stellen. Die Creme dünn mit Zucker bestreuen. Den Zucker mit einem Creme-brûlée-Brenner karamellisieren. Die Crema Catalana sofort servieren.

Crème brûlée mit dunkler Schokolade

Für 4 Personen
400 ml Schlagsahne
150 g in Stücke geschnittene dunkle Schokolade (mind. 70% Kakaogehalt)
50 g Zucker + extra Zucker
4 Eigelb
- 4 ofenfeste Schälchen (Inhalt 100 ml), Auflaufform oder Bratwanne, Alufolie und Crème-brûlée-Brenner

Den Backofen auf 140 °C vorheizen. Die Schlagsahne in einem Topf zum Kochen bringen. Die Temperatur zurückschalten und die Schokolade zugeben. Umrühren, bis die Schokolade geschmolzen ist.

Eigelb und Zucker mit dem Rührbesen verschlagen. Unter Rühren die heiße Schokoladensahne zugeben.

Die Schälchen in die Auflaufform stellen und mit der Schokoladencreme füllen. Die Auflaufform maximal bis zur halben Höhe der Schälchen mit heißem Wasser füllen (es darf nicht kochen!). Die Auflaufform locker mit Alufolie bedecken.

Die Creme ungefähr 50 Minuten im vorgeheizten Backofen stocken lassen, bis sie sich fest anfühlt. Die Schälchen aus dem Wasser nehmen und abkühlen lassen. Abgedeckt mindestens 2 Stunden in den Kühlschrank stellen, damit sie durch und durch abkühlen.

Die Crème brûlée mit einer dünnen Zuckerschicht bestreuen. Den Zucker mit einem Crème-brûlée-Brenner karamellisieren. Sofort servieren.

Zubereiten: 30 Minuten
Backzeit 50 Minuten + abkühlen
Kühlen: 2 Stunden

> **Tipp** Geben Sie einen Schuss Orangen- oder Mandellikör in die Schokoladensahne.

Mokka-Crème-brûlée

Für 6 Personen
1½ Esslöffel lösliches Kaffeepulver
600 ml Schlagsahne
100 g Zucker + extra Zucker
8 Eigelb
- 6 (flache) ofenfeste Schälchen (Inhalt 100 ml), Auflaufform oder Bratwanne, Alufolie und Crème-brûlée-Brenner

Den Backofen auf 140 °C vorheizen. Das Kaffeepulver in 2 Esslöffeln heißem Wasser auflösen und abkühlen lassen. Die Schlagsahne in einem Topf zum Kochen bringen. Eigelb und Zucker mit dem Rührbesen verschlagen. Unter ständigem Rühren die warme Sahne durch ein Sieb in die Eier-Zucker-Mischung geben. Das aufgelöste Kaffeepulver ebenfalls einrühren.

Die Schälchen in die Auflaufform stellen und die Kaffeecreme einfüllen. Die Auflaufform maximal bis zur halben Höhe der Schälchen mit heißem Wasser füllen (es darf nicht kochen!). Die Auflaufform locker mit Alufolie bedecken.

Die Kaffeecreme ungefähr 50 Minuten im vorgeheizten Backofen stocken lassen, bis sie sich fest anfühlt. Die Schälchen aus dem Wasser nehmen und abkühlen lassen. Abgedeckt mindestens 2 Stunden in den Kühlschrank stellen, damit sie durch und durch abkühlen.

Die Creme mit einer dünnen Zuckerschicht bestreuen. Den Zucker mit einem Crème-brûlée-Brenner karamellisieren, bis er goldgelb ist. Sofort servieren.

Zubereiten: 30 Minuten
Backen: 50 Minuten + abkühlen
Kühlen: 2 Stunden

Crème brûlée mit Quark

Für 4 Personen
250 g Quark
100 g Zucker
1 Päckchen Vanillezucker
3 Eier
- 4 ofenfeste Schälchen (Inhalt 100 ml), Auflaufform, Alufolie und Crème-brûlée-Brenner

Den Backofen auf 140 °C vorheizen. Quark mit Zucker, Vanillezucker und Eiern mit dem Schneebesen verrühren.

Die Schälchen in die Auflaufform stellen und die Quarkcreme einfüllen. Die Auflaufform maximal bis zur halben Höhe der Schälchen mit heißem Wasser füllen (es darf nicht kochen!). Die Auflaufform locker mit Alufolie bedecken.

Die Creme ungefähr 50 Minuten im vorgeheizten Backofen stocken lassen, bis sie sich fest anfühlt. Die Schälchen aus dem Wasser nehmen und abkühlen lassen. Abgedeckt mindestens 2 Stunden in den Kühlschrank stellen, damit sie durch und durch abkühlen.

Die Creme mit einer dünnen Zuckerschicht bestreuen. Den Zucker mit einem Crème-brûlée-Brenner karamellisieren, bis er goldgelb ist. Die Crème brûlée sofort servieren.

Zubereiten: 15 Minuten
Backen: 50 Minuten + abkühlen
Kühlen: 2 Stunden

> **Tipp** Der Quark kann auch durch Ricotta ersetzt werden. Wenn die Crème brûlée besonders cremig sein soll, dann verwenden Sie Mascarpone. Frisches Obst, in einer Schale serviert, schmeckt prima dazu.

Zitronen-Rosmarin-Crème-brûlée

Für 6 Personen
2 Zitronen
600 ml Schlagsahne
2 Rosmarinzweige
100 g Zucker + extra Zucker
8 Eigelb
- 6 ofenfeste Schälchen (Inhalt 100 ml), Auflaufform oder Bratwanne, Alufolie und Crème-brûlée-Brenner

Den Backofen auf 140 °C vorheizen. Die Zitronen abwaschen und die gelbe Schale abreiben. Die Schlagsahne mit den Rosmarinzweigen zum Kochen bringen. Den Topf von der Platte nehmen, den Deckel auflegen und 20 Minuten ziehen lassen.

In der Zwischenzeit die Eigelb mit dem Zucker und der abgeriebenen Zitronenschale mit dem Schneebesen verrühren. Rosmarinsahne durch ein Sieb gießen und unter ständigem Rühren zur Zucker-Ei-Mischung geben.

Die Schälchen in die Auflaufform stellen und die Creme einfüllen. Die Auflaufform maximal bis zur halben Höhe der Schälchen mit heißem Wasser füllen (es darf nicht kochen!). Die Auflaufform locker mit Alufolie bedecken.

Zitronen-Rosmarin-Crème-brûlée ungefähr 50 Minuten im vorgeheizten Backofen stocken lassen, bis sie sich fest anfühlt. Die Schälchen aus dem Wasser nehmen und abkühlen lassen. Abgedeckt mindestens 2 Stunden in den Kühlschrank stellen, damit sie durch und durch abkühlen.

Die Creme mit einer dünnen Zuckerschicht bestreuen. Den Zucker mit einem Crème-brûlée-Brenner karamellisieren, bis er goldgelb ist. Die Crème brûlée sofort servieren.

Zubereiten: 30 Minuten
Backen: 50 Minuten + abkühlen
Kühlen: 2 Stunden

Ersetzen Sie die Zitronenschale durch abgeriebene Orangen- oder Grapefruitschale und den Rosmarin durch Thymian, Lorbeer oder Minze.

Crème brûlée mit Brombeeren oder Himbeeren

Für 4 Personen
300 ml Schlagsahne
1 Päckchen Vanillezucker
125 g Brombeeren oder Himbeeren
50 g Zucker + extra Zucker
4 Eigelb
- 4 ofenfeste Schälchen (Inhalt 100 ml), Auflaufform oder Bratwanne, Alufolie und Crème-brûlée-Brenner

Den Backofen auf 140 °C vorheizen. Schlagsahne mit Vanillezucker in einem Topf zum Kochen bringen. Die Früchte auf die Schälchen verteilen.

In der Zwischenzeit Eigelb und Zucker mit dem Rührbesen verrühren. Die heiße Vanillesahne durch ein Sieb gießen und unter ständigem Rühren zur Zucker-Ei-Mischung geben.

Die Schälchen in die Auflaufform stellen und die Creme über die Früchte geben. Die Auflaufform maximal bis zur halben Höhe der Schälchen mit heißem Wasser füllen. Die Auflaufform locker mit Alufolie bedecken.

Die Creme ungefähr 50 Minuten im vorgeheizten Backofen stocken lassen, bis sie sich fest anfühlt. Die Schälchen aus dem Wasser nehmen und abkühlen lassen. Abgedeckt mindestens 2 Stunden in den Kühlschrank stellen, damit sie durch und durch abkühlen.

Die Creme mit einer dünnen Zuckerschicht bestreuen. Den Zucker mit einem Crème-brûlée-Brenner karamellisieren, bis er goldgelb ist.

Zubereiten: 20 Minuten
Backen: 50 Minuten + abkühlen
Kühlen: 2 Stunden

Crème Caramel

Für 8 Personen
300 g Zucker
1 Vanilleschote
750 ml Schlagsahne
2 Eigelb
4 Eier
- 8 ofenfeste Schälchen (Inhalt 100 ml), Bratwanne

175 Gramm Zucker mit 4 Esslöffeln Wasser in einen Topf geben. Aufkochen und rühren, bis sich der Zucker aufgelöst hat. Dann nicht mehr rühren und auf großer Hitze aus dem hellen Zuckersirup einen goldbraunen Karamell kochen. Den Topf von Zeit zu Zeit schütteln, damit der Karamell gleichmäßig bräunt. Den Karamell in die Förmchen gießen.

Die Vanilleschote der Länge nach aufschneiden und das Mark mit einem scharfen Messer auskratzen. Die Schlagsahne mit dem Mark in einen Topf geben und zum Kochen bringen. Die Vanillesahne von der Platte nehmen und zugedeckt 10 Minuten ziehen lassen.

Den Backofen auf 160 °C vorheizen. Die Eigelb mit den Eiern und 125 Gramm Zucker mit dem Schneebesen verrühren. Die warme Sahne durch ein Sieb gießen und unter ständigem Rühren zur Zucker-Ei-Mischung geben.

Die Schälchen in die Bratwanne stellen. Die Creme auf den Karamell gießen. Kochend heißes Wasser in die Bratwanne gießen, die Schälchen sollen bis zur Hälfte bedeckt sein.

Die Crème Caramel im vorgeheizten Backofen ungefähr 30 Minuten stocken lassen, bis an der Spitze eines Messers nichts mehr hängen bleibt. Auf Zimmertemperatur abkühlen lassen und dann noch 2 Stunden in den Kühlschrank stellen, damit die Creme ganz kalt wird.

Die Creme vor dem Servieren rundherum mit einem spitzen Messer von der Form lösen. Die Creme auf einen Teller stürzen: Nur Geduld, sobald der Karamell auf den Teller fließt, gleitet die Creme ganz von alleine auf den Teller und das Schälchen lässt sich leicht entfernen.

Zubereiten: 30 Minuten
Backen: 30 Minuten + abkühlen
Kühlen: 2 Stunden

Kaffee

Espresso-Zimt-Likör
Kaffee-Cakes mit Sahne
Bayerische Creme mit Kaffee
Espresso-Granita
Cappucino-Mascarponecreme
Haselnussbiskuit mit Mokkabuttercreme
Espresso-Zabaglione

Espresso ZIMT Likör

KaffeeCAKES
mit Sahne

Espresso-Zimt-Likör

Ergibt 750 ml
300 g brauner Zucker
100 ml Espresso
500 ml Wodka
20 Gramm Kaffeebohnen
2 Zimtstangen
- 1 saubere Flasche

Den Zucker unter ständigem Rühren im heißen Espresso auflösen. Wodka und Kaffeebohnen mit den Zimtstangen in die Flasche füllen. Den Espresso in die Flasche gießen.
    Den Likör 3 Wochen an einen dunklen kühlen Ort stellen. Die Flasche regelmäßig schütteln.
    Den Likör durch ein Sieb gießen und in einer sauberen Flasche aufbewahren.

Zubereiten: 10 Minuten
Ruhezeit: 3 Wochen

> **Tipp** Schmeckt lecker zum (oder im!) Kaffee, im Tiramisu und zur Schokoladenmousse.

Kaffee-Cakes mit Sahne

Für 4 Personen
2 Esslöffel Milch
2½ Esslöffel lösliches Kaffeepulver
125 g Butter (Zimmertemperatur)
125 g Zucker
1 Päckchen Vanillezucker
2 Eier
125 g Mehl
1½ gestr. Teelöffel Backpulver
100 ml Schlagsahne
1 Esslöffel Zucker
- Handrührer oder Küchenmaschine,
4 eingefettete Kaffeetassen (Inhalt 150 ml)

Den Backofen auf 160 °C vorheizen. Die Milch erhitzen. 1½ Esslöffel Kaffeepulver in der warmen Milch auflösen.
    Butter und Zucker mit der Hälfte des Vanillezuckers mit dem Handrührer oder in der Küchenmaschine schaumig rühren. Die Eier einzeln zugeben und weiterrühren.
    Das Mehl darübersieben und unterrühren. Die warme Milch tropfenweise zugeben und zu einem glatten Teig verrühren.
    Den Teig in die Kaffeetassen füllen. Die kleinen Kuchen 20–25 Minuten goldbraun backen.
    Das restliche Kaffeepulver in 1 Esslöffel heißem Wasser auflösen. Die Schlagsahne mit Zucker und dem restlichen Vanillezucker aufschlagen. Den Kaffee tropfenweise unterrühren. Die kleinen Kaffeekuchen zusammen mit der Mokkasahne servieren.

Zubereiten: 20 Minuten
Backen: 25 Minuten

> **Tipp** Einen Schuss Kaffeelikör unter die Mokkasahne mischen.

BAYERISCHE CREME mit Kaffee

CAPPUCCINO Mascarponecreme

Haselnussbiskuit mit
MOKKABUTTERCREME

Bayerische Creme mit Kaffee

Für 8 Personen
5 Blatt Gelatine
100 g brauner Zucker
350 ml Filterkaffee
200 ml Schlagsahne
3 Eiweiß
- Handrührer,
1 Kastenform, Schüssel
oder Puddingform
(Inhalt 1 Liter)

Die Gelatine 5 Minuten in reichlich kaltem Wasser einweichen. Den Basterdzucker in einer großen Schüssel im heißen Filterkaffee auflösen. Die Gelatine gut ausdrücken und unter Rühren im heißen Kaffee auflösen.

Die Schüssel in eine größere Schüssel oder einen Behälter mit eiskaltem Wasser und Eiswürfeln stellen. Die Kaffee-Gelatine-Mischung 30–40 Minuten leicht eindicken lassen. Von Zeit zu Zeit umrühren.

Die Schlagsahne nicht ganz steif schlagen und diese unter die eingedickte Kaffeemischung heben. In einer anderen Schüssel die Eiweiß mit 1 Prise Salz mit den sauberen Schneebesen des Handrührers zu Schnee schlagen. Den Eischnee in 2 Portionen unter die geschlagene Sahne heben.

Die Kastenform mit kaltem Wasser ausspülen und die Kaffeesahne einfüllen. Die Creme mindestens 4 Stunden im Kühlschrank fest werden lassen.

Die Form 4–5 Sekunden in heißes Wasser halten. Einen Teller darauflegen und beides zusammen umdrehen. Die Form vorsichtig schütteln, bis die Creme auf den Teller gleitet. Die Form entfernen. Ein Messer in kaltes Wasser tauchen und die Creme in Scheiben oder Stücke schneiden. Schmeckt lecker mit Mokkasahne (siehe Seite 61).

Zubereiten: 25 Minuten
Kühlen: 4 Stunden

> **Wenig Zeit?** Die Bayerische Creme kann auch in Portionsformen mit 150 ml Inhalt zubereitet werden. Dann ist sie 2 Stunden früher fertig.

Espresso-Granita

Für 4 Personen
250 g Zucker
500 ml Espresso

Den Zucker unter ständigem Rühren im heißen Espresso auflösen. Den Espresso in eine große flache Gefrierdose stellen und auf Zimmertemperatur abkühlen lassen. Die Dose 2 Stunden in den Gefrierschrank stellen, damit sich Eiskristalle bilden.

Den gefrorenen Espresso mit einer Gabel auflockern. Die Dose wieder in den Gefrierschrank stellen und den Espresso immer nach halben Stunde wieder mit der Gabel auflockern. Dies so oft wiederholen, bis der Espresso ganz gefroren ist.

Das Espresso-Granita aus dem Gefrierschrank nehmen, nochmals mit der Gabel auflockern und auf 4 Gläser verteilen. Dazu schmeckt halbfest geschlagene, ungesüßte Sahne lecker.

Zubereiten: 10 Minuten
Kühlen: 6 Stunden

> **Tipp** Am Tisch etwas Kaffeelikör über das Granita gießen.

Cappuccino-Mascarponecreme

Für 4 Personen
1 Blatt Gelatine
75 ml Espresso
250 g Mascarpone
100 ml Schlagsahne
2 Esslöffel Zucker
Kakaopulver
- Handrührer

Die Gelatine 5 Minuten in reichlich kaltem Wasser einweichen. Die Gelatine gut ausdrücken und unter Rühren im heißen Kaffee auflösen. Auf Zimmertemperatur abkühlen lassen.

Mascarpone, Schlagsahne und Zucker mit dem Handrührer zu einer dicken Creme schlagen. Die Espresso-Gelatine-Mischung unter die Mascarponecreme mischen.

Die Creme in 4 Schälchen füllen und 2 Stunden im Kühlschrank fest werden lassen. Vor dem Servieren das Kakaopulver in ein (Tee-) Sieb geben und die Creme damit bestäuben.

Zubereiten: 15 Minuten
Kühlen: 2 Stunden

Haselnussbiskuit mit Mokkabuttercreme

Für 4 Personen
4 Eier
100 g Zucker
100 g Mehl
2 Esslöffel lösliches
Kaffeepulver
250 g Butter
(Zimmertemperatur)
1 Eigelb
250 g Puderzucker
100 g geschälte
Haselnüsse
- Handrührer oder
Küchenmaschine,
Backblech, mit
Backpapier belegt, runde
Ausstechform mit 7 cm
Durchmesser

Den Backofen auf 180 °C vorwärmen. Eier und Zucker mit dem Handrührer oder in der Küchenmaschine dick und schaumig schlagen. Das Mehl darübersieben und locker unterheben. Den Teig 1,5 cm dick auf ein Backblech streichen. Diesen Biskuitboden im vorgeheizten Backofen in 15 Minuten goldbraun backen. Auf einem Gitter abkühlen lassen.

Das Kaffeepulver in 1 Esslöffel heißem Wasser auflösen. Butter mit Eigelb und Puderzucker mit dem Handrührer oder in der Küchenmaschine cremig rühren. Den aufgelösten Kaffee tropfenweise zugeben.

Die Haselnüsse in einer Pfanne ohne Fett goldbraun rösten. Auf ein Brett schütten und fein hacken.

Aus dem Biskuitteig 8 Scheiben ausstechen. 4 Biskuitscheiben mit drei Vierteln der Mokkabuttercreme bestreichen. Mit den anderen Biskuitscheiben bedecken und diese andrücken, so dass der Belag überall gleichmäßig dick ist. Überschüssige Mokkabuttercreme entfernen.

Den Rand dünn mit Buttercreme bestreichen. Die Kuchen in den Haselnüssen wälzen. Die Oberseite mit Mokkabuttercreme bestreichen und mit Haselnüssen bestreuen.

Zubereiten: 45 Minuten
Backen: 15 Minuten

> **Tipp** Das Gebäck im Kühlschrank aufbewahren. Vor dem Servieren rechtzeitig wieder herausnehmen, damit es Zimmertemperatur annimmt und die Buttercreme zartcremig wird.

Espresso-Zabaglione

Für 4 Personen
4 Eigelb
100 g Zucker
75 ml Espresso
2 Esslöffel Kaffeelikör
Kakaopulver
- Handrührer

In einem Topf reichlich Wasser zum Kochen bringen. Die Eigelb in eine hitzebeständige Schüssel geben und auf den Topf stellen. Die Schüssel darf das Wasser nicht berühren.

Das Eigelb mit dem Handrührer weißschaumig rühren. Espresso und Kaffeelikör löffelweise zugeben, dabei ständig rühren. Die Eigelbmischung noch 10 Minuten rühren, bis sie weißschaumig und flüssig ist.

Den warmen Sabayon in 4 kleine Schalen oder Kaffeetassen füllen. Leicht mit Kakaopulver bestreuen und sofort servieren.

Zubereiten: 15 Minuten

> **Für Kinder** Kinder finden dieses Dessert ganz toll. Nehmen Sie anstelle von Espresso und Kaffeelikör 100 ml Orangensaft und lassen Sie den Kakao auch weg. . Verstecken Sie etwas klein geschnittenes Obst in die Schälchen (Erdbeeren, Mandarinenschnitze, Bananen) und servieren Sie den Sabayon mit langen Keksen zum Auftunken.

Espresso ZABAGLIONE

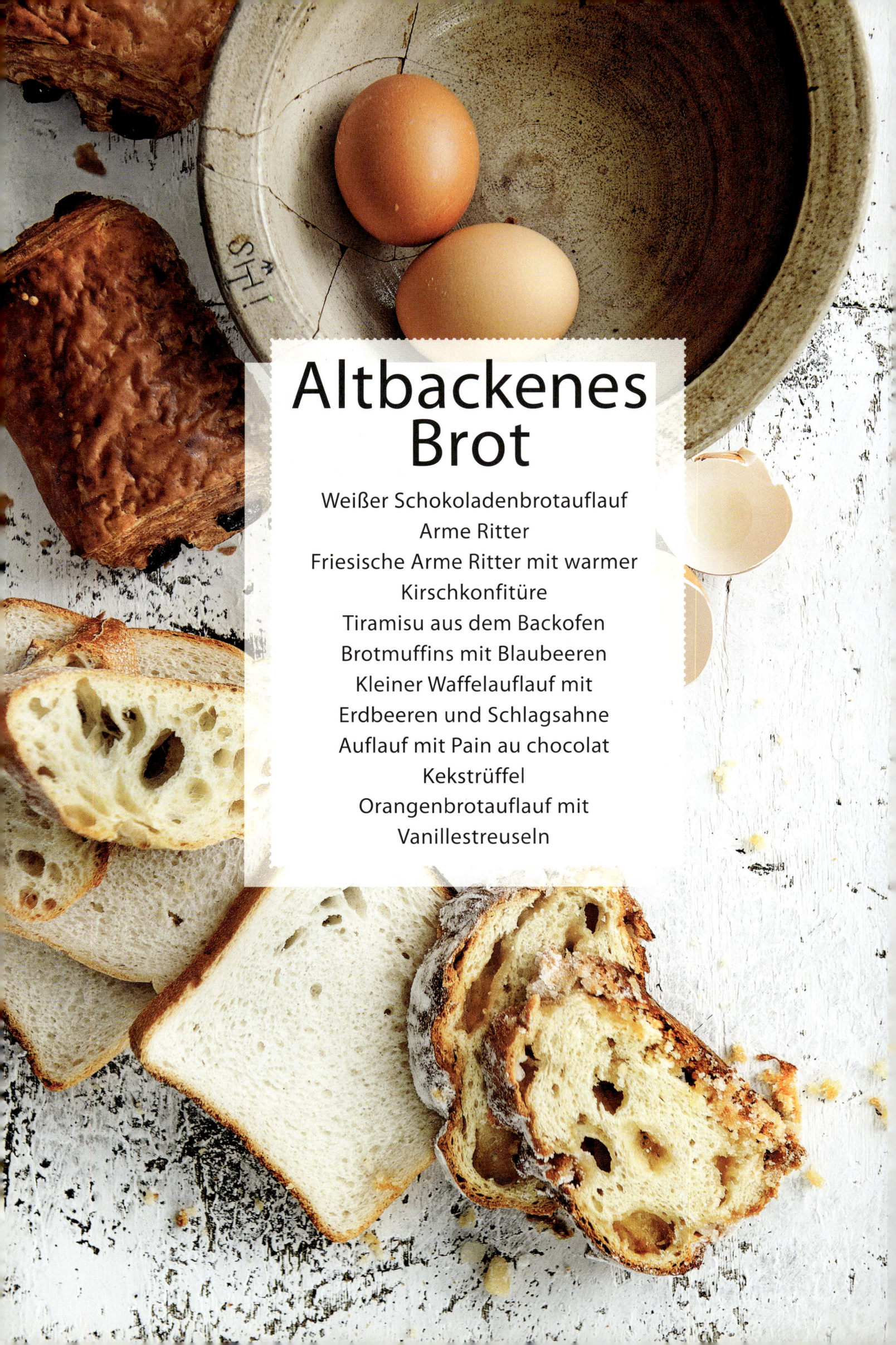

Altbackenes Brot

Weißer Schokoladenbrotauflauf
Arme Ritter
Friesische Arme Ritter mit warmer Kirschkonfitüre
Tiramisu aus dem Backofen
Brotmuffins mit Blaubeeren
Kleiner Waffelauflauf mit Erdbeeren und Schlagsahne
Auflauf mit Pain au chocolat
Kekstrüffel
Orangenbrotauflauf mit Vanillestreuseln

Weißer Schokoladen
BROTAUFLAUF

ARME RITTER

Weißer Schokoladenbrotauflauf

Für 6 Personen
12 Scheiben weißes
Toastbrot, 1 Tag alt
6 Esslöffel weiße
Schokoladenpaste
2 Eier
425 ml Milch
75 g weiße Schokolade
Gemahlener Zimt
1 Esslöffel
Mandelblättchen
Puderzucker
- Eingefettete
Auflaufform,
18 x 24 cm groß

Den Backofen auf 200 °C vorheizen. Die Brotrinde am Rand abschneiden. Die Brotscheiben halbieren und mit der weißen Schokoladenpaste bestreichen. Die Eier mit der Milch verrühren. Die Schokolade raspeln.

Den Boden der Auflaufform mit 6 halbierten Brotscheiben belegen, mit der bestrichenen Seite nach oben. Mit einem Viertel der Milch-Eier-Mischung übergießen. Die Scheiben leicht andrücken, damit sie sich mit der Milch-Eier-Mischung vollsaugen. Mit Zimt und einem Viertel der geraspelten Schokolade bestreuen.

Auf diese Weise noch 3 Schichten mit Brot und Milch-Eier-Mischung einfüllen. Jede Schicht mit Zimt und geraspelter Schokolade bestreuen, außer der obersten Schicht. Diese Schokolade wird zum Garnieren verwendet. Die oberste Schicht mit Mandelblättchen bestreuen.

Den Brotauflauf etwa 30 Minuten im vorgeheizten Backofen goldbraun backen. Aus dem Ofen nehmen, mit Puderzucker und der restlichen Schokolade bestreuen. Den Auflauf warm oder lauwarm servieren.

Zubereiten: 20 Minuten
Backen: 30 Minuten

> **Tipp** Anstelle von weißer Schokoladenpaste kann der Auflauf auch mit dunkler Schokoladenpaste (gibt es im Bioladen oder unter www.ausholland.eu) oder mit Haselnusspaste zubereitet werden. In diesem Fall wird er dann mit gehackten Haselnüssen bestreut.

Arme Ritter

Für 4 Personen
1 Ei
200 ml Milch
1 Päckchen Vanillezucker
3 Esslöffel brauner Zucker
1 Esslöffel gemahlener
Zimt
50 g Butter
12 Scheiben Baguette,
1 Tag alt

Das Ei mit Milch und Vanillezucker verrühren. Braunen Zucker und Zimt miteinander vermischen.

2 große Pfannen erhitzen und die Butter darin schmelzen. Die Brotscheiben auf beiden Seiten in die Milch-Mischung tauchen und in eine heiße Pfanne legen.

Die Armen Ritter in 2–3 Minuten goldbraun backen. Auf 4 Teller verteilen und mit der Zucker-Zimt-Mischung bestreuen.

Zubereiten: 20 Minuten

> **Arme Ritter** Wie auch immer man sie nennen will und mit welchem Brot man sie auch macht: Ich finde sie so lecker, dass ich sie jeden Tag zum Nachtisch essen könnte!
> **Noch leckerer** finde ich die Armen Ritter mit einer Kugel Vanilleeis oder Crème fraîche.

FRIESISCHE ARME RITTER
mit warmer Kirschkonfitüre

TIRAMISU aus dem Backofen

Auch bei mir kommt es vor, dass ich eine Packung Löffelbiskuits nicht rechtzeitig verwende. Aber die altbackenen Kekse sind ideal für diesen Auflauf. Durch das Backen bekommt dieses Tiramisu eine festere Konsistenz. In einer kleinen Form lässt es sich auch gut für 6, 4 oder sogar nur für 2 Personen zubereiten.

Brot MUFFINS
mit Blaubeeren

Friesische Arme Ritter mit warmer Kirschkonfitüre

Für 4 Personen
1 Ei
200 ml Buttermilch
4 dicke Scheiben friesisches Zuckerbrot (Hefegebäck mit viel Zucker), 1 Tag alt
25 g Butter
4 Esslöffel Kirschkonfitüre
Puderzucker

Das Ei mit der Buttermilch verrühren. Die Brotscheiben einzeln in diese Mischung tauchen.

Die Butter in einer Pfanne zerlassen. Die Brotscheiben in die Pfanne legen und in 3–4 Minuten auf beiden Seiten goldbraun backen. In der Zwischenzeit die Konfitüre mit 1 Esslöffel Wasser erhitzen.

Die Armen Ritter auf 4 Teller verteilen. Die warme Kirschkonfitüre darauf verteilen und mit Puderzucker bestreuen.

Zubereiten: 20 Minuten

> **Variante** Arme Ritter lassen sich aus vielen Brotsorten zubereiten: aus Weißbrot, Müslibrot, Rosinenbrot, aber auch aus Hefezopf, Panettone oder aus Christstollen.

Tiramisu aus dem Backofen

Für 8–10 Personen
1 Ei
150 ml Espresso
50 ml Kaffeelikör
50 ml Milch
350 g Löffelbiskuits
750 g Mascarpone
300 ml Schlagsahne
75 g Puderzucker
3–4 Esslöffel Kakaopulver
- Eingefettete Auflaufform (Inhalt 2,5 Liter), Handrührer oder Küchenmaschine

Den Backofen auf 200 °C vorheizen. Ei, Espresso, Kaffeelikör und Milch miteinander verrühren. Die Löffelbiskuits einzeln in diese Mischung tauchen. 2 Lagen davon in die Auflaufform schichten.

Die Auflaufform in den Backofen stellen und 15 Minuten backen, bis die Löffelbiskuits goldbraun sind. Die Form aus dem Ofen nehmen und auf Zimmertemperatur abkühlen lassen.

Mascarpone, Schlagsahne und Puderzucker mit dem Handrührer oder in der Küchenmaschine zu einen festen Creme aufschlagen. Die Creme auf die Löffelbiskuits streichen. Mit einem (Tee-)Sieb mit einer dicken Schicht Kakaopulver bestreuen.

Zubereiten: 25 Minuten
Backen: 15 Minuten + abkühlen

Brotmuffins mit Blaubeeren

Für 4 Personen
4 Scheiben Toastbrot
1 Eigelb
100 ml Vollmilch-Joghurt
50 g Blaubeeren
Puderzucker
- Eingefettete Muffinform (4 Förmchen)

Den Backofen auf 200 °C vorheizen. Die Brotrinde abschneiden und jede Scheibe in 4 Dreiecke schneiden. Eigelb mit Joghurt verrühren.

Alle Dreiecke in die Ei-Joghurt-Mischung tauchen und gut abtropfen lassen. Mit den Blaubeeren in den Muffinförmchen verteilen. Das Brot gut andrücken.

Die Muffins im vorgeheizten Backofen in 20–25 Minuten goldbraun backen. Leicht mit Puderzucker bestäuben und lauwarm servieren, zum Beispiel mit einer großen Kugel Joghurteis mit roten Früchten.

Zubereiten: 20 Minuten
Backen: 20–25 Minuten

Kleine Waffelaufläufe mit Erdbeeren und Schlagsahne

Für 4 Personen
1 Zitrone
1 Ei
200 ml Milch
4 Waffeln (Waffeln aus Lüttich oder selbst gemachte Waffeln aus Hefeteig), 1 Tag alt
150 g Erdbeeren
3 Esslöffel Zucker
125 ml Schlagsahne
- 4 Einmachgläser oder ofenfeste Cappuccinotassen, Bratreine oder Auflaufform

Die Zitrone waschen. Die Schale abreiben und die Zitrone auspressen. Das Ei mit Zitronenschale und Milch in einer Schüssel verrühren.

Die Waffeln in Stücke brechen oder schneiden und 10 Minuten in der Milch-Ei-Mischung einweichen. Regelmäßig umrühren, damit die Waffeln die Flüssigkeit gut aufnehmen.

Den Backofen auf 200 °C vorheizen. Die Waffeln auf die Gläser verteilen und fest andrücken. Die Gläser in die Bratwanne stellen. Mit heißem Wasser füllen, bis die Gläser bis zur halben Höhe im Wasser stehen.

Die Aufläufe im vorgeheizten Backofen 30–35 Minuten goldbraun backen. In der Zwischenzeit die Erdbeeren putzen und halbieren. Mit 1–2 Esslöffeln Zitronensaft und 1 Esslöffel Zucker vermischen. Die Schlagsahne mit dem restlichen Zucker nicht zu fest aufschlagen.

Die Aufläufe aus dem Backofen nehmen. Die marinierten Erdbeeren und einen gehäuften Esslöffel geschlagene Sahne in die Gläser geben.

Zubereiten: 20 Minuten
Backen: 30–35 Minuten

> **Mit Eis** Die Schlagsahne können Sie auch durch eine Kugel Sahneeis ersetzen.

Kleine WAFFELAUFLÄUFE mit Erdbeeren und Schlagsahne

Ich kaufe immer zu viele **Pain au chocolat**. Leider werden diese französischen Schokoladenbrötchen schon nach einem Tag weich, aber dann eignen sie sich bestens für diesen herrlichen Auflauf.

Auflauf mit
PAIN AU CHOCOLAT

Auflauf mit Pain au chocolat

Für 4 Personen
2 Pains au chocolat,
1 Tag alt
100 g Himbeeren
1 Ei
225 ml Milch
- Eingefettete flache
Auflaufform mit 18 cm
Durchmesser

Den Backofen auf 200 °C vorheizen. Die Schokoladenbrötchen in dicke Scheiben schneiden. Flach in die Auflaufform legen. Die Himbeeren zwischen die Scheiben stecken.

Das Ei mit der Milch verrühren. Die Schokoladenbrötchen langsam mit der Ei-Milch-Mischung begießen, damit sie die Flüssigkeit gut aufnehmen können.

Den Auflauf im vorgeheizten Backofen 25–30 Minuten goldbraun backen.

Zubereiten: 10 Minuten
Backen: 25–30 Minuten

Tipp Anstelle von Pains au chocolat können Sie auch Crcissants verwenden.

KEKSTRÜFFEL

Orangenbrotauflauf mit VANILLESTREUSELN

Für diesen Auflauf kann man auch gut frisches Brot nehmen. Legen Sie es einfach 1 Stunde auf die Arbeitsfläche, damit es ein bisschen altbacken wird.

Kekstrüffel

Für 20 Trüffel
250 g altbackene Kekse, z.B. 'Digestive'-Grahamkekse oder Butterkekse
100 Butter
3 Esslöffel Kirschwasser
225 g grob gehackte weiße Schokolade
200 g geraspelte Vollmilchschokolade
- Küchenmaschine, Backpapier

Die Kekse in der Küchenmaschine fein vermahlen. Die Butter schmelzen. Butter und Kekskrümel miteinander vermischen und das Kirschwasser zugeben. Die Masse soll feucht sein und gut zusammenhalten.

Aus dieser Masse 20 Trüffel formen. Die Trüffel auf einen mit Backpapier belegten Teller legen und mindestens 2 Stunden im Kühlschrank fest werden lassen.

Die weiße Schokolade im Wasserbad schmelzen. In der Zwischenzeit die geraspelte Vollmilchschokolade in eine Schüssel geben. Die Trüffel zuerst in die geschmolzene Schokolade tauchen und dann in den Schokoladeraspeln wälzen. Wieder auf ein Backpapier legen und im Kühlschrank schnell fest werden lassen.

Zubereiten: 30 Minuten
Kühlen: 2 Stunden

Tipp zur Aufbewahrung Die Trüffel im Kühlschrank aufbewahren, aber vor dem Servieren herausnehmen und Zimmertemperatur annehmen lassen, damit sie weich werden und ihren Geschmack entfalten.

Tipp Diese Trüffel kann man aus allen Keksen und Schokoladensorten machen, zum Beispiel aus den Resten vom Weihnachtsgebäck. Achten Sie darauf, dass die Keksmasse für die Trüffel ziemlich fest ist und sich gut rollen lässt. Die Trüffel im Kühlschrank fest werden lassen.

Orangenbrotauflauf mit Vanillestreuseln

voor 4 personen
4 Pistolets (Hefebrötchen, eine belgische und niederländische Spezialität), 1 Tag alt
3–4 Esslöffel Orangenmarmelade
1 Ei
125 ml Milch
1 Päckchen Vanillezucker
40 g gesiebtes Mehl
25 g Zucker
25 g Butter (Zimmertemperatur)
Puderzucker zum Bestreuen
- Eingefettete Auflaufform mit 16 cm Durchmesser

Den Backofen auf 200 °C vorheizen. Die Brötchen in Scheiben schneiden. Mit Orangenmarmelade bestreichen und überlappend in die Auflaufform schichten.

Das Ei mit Milch und Vanillezucker verrühren. Diese Mischung langsam über die Scheiben gießen, damit sie die Flüssigkeit gut aufnehmen können.

Aus Mehl, Zucker und Butter einen Teig kneten. Über dem Auflauf grob zerkrümeln.

Den Auflauf 25–30 Minuten im vorgeheizten Backofen goldbraun backen. Aus dem Ofen nehmen, mit Puderzucker bestreuen und warm oder lauwarm servieren.

Zubereiten: 20 Minuten
Backen: 25–30 Minuten

Tipp Schmeckt lecker mit Vanillesauce (siehe Seite 169) oder mit einer Kugel Vanilleeis.

1x Teig 4x Kuchen

Das ist mein Lieblingskuchenteig, KNUSPRIG und mit Buttergeschmack. Die Zuckermenge für den Teig variiere ich, je nach Füllung oder Belag. Den Geschmack des Teigs kann man mit abgeriebener Zitronen- oder Orangenschale, gemahlenem Zimt oder fein gehackten Kräutern ganz nach Geschmack verändern.

Zitronen BAISERkuchen

STACHELBEER kuchen

Kirschen CROSTATA

TARTE TATIN mit Birnen

Jannekes Lieblingskuchenteig

Grundrezept für eine Tarteform mit 24 Zentimetern Durchmesser

Aus 200 Gramm gesiebtem Mehl, 100 Gramm weicher Butter, 75–100 Gramm Zucker, 1 Ei und 1 Messerspitze Salz mit dem Handrührer oder in der Küchenmaschine mit den Knethaken einen Teig herstellen. Den Teig in Frischhaltefolie wickeln und mindestens 30 Minuten im Kühlschrank ruhen lassen.

Zubereiten: 10 Minuten
Kühlen: 30 Minuten

Auf Vorrat Machen Sie gleich ein paar Portionen Teig. Diesen Teig können Sie 1–2 Tage im Kühlschrank und bis zu 3 Monaten im Gefrierschrank aufbewahren. Den Teig dann Zimmertemperatur annehmen lassen und mit etwas zusätzlichem Mehl weich kneten.

Reste Teigreste nicht wegwerfen, sondern in einem Gefrierbeutel im Gefrierschrank aufbewahren. Bei 400 Gramm Teigresten haben Sie wieder genügend Teig für einen neuen Kuchen.

Zitronenbaiser-Kuchen

Für 8 Personen
1 Grundrezept Kuchenteig
2 Zitronen
175 g Zucker
150 ml Schlagsahne
4 Eier
3 Eiweiß
75 g Puderzucker
- Eingefettete Kuchenform mit 24 cm Durchmesser (am besten mit Hebeboden), Backpapier, getrocknete Hülsenfrüchte zum Blindbacken (z.B. getrocknete Bohnenkerne), Handrührer oder Küchenmaschine, Crème-brûlée-Brenner oder Backofengrill

Den Backofen auf 180 °C vorheizen. Den Teig auf der bemehlten Arbeitsfläche 3 mm dick ausrollen. Die Kuchenform damit auslegen. Ein großes Stück Backpapier auf den Teig legen und die Blindbackfüllung daraufgeben. Den Teigboden im vorgeheizten Backofen 15 Minuten blindbacken. Backpapier und Blindbackfüllung entfernen und den Teig noch 5 Minuten hellbraun backen.

In der Zwischenzeit die Zitronen abwaschen und ihre Schale abreiben. Die Zitronen halbieren und auspressen. Mit dem Rührbesen Zucker, Zitronenabrieb, Zitronensaft, Schlagsahne und Eier verrühren. Die Backofentemperatur auf 160 °C stellen. Die Zitronenmischung auf den Kuchenboden geben. Den Kuchen 35–40 Minuten backen und dann auf Zimmertemperatur abkühlen lassen.

In einer sauberen Schüssel die Eiweiß mit 1 Messerspitze Salz mit dem Handrührer oder in der Küchenmaschine zu Schnee schlagen. Den Puderzucker in 2 Portionen unterrühren und das Eiweiß ganz steif schlagen. Den Eischnee auf den Kuchen streichen oder mit dem Spritzbeutel aufspritzen. Diesen Baiser mit dem Crème-brûlée-Brenner oder unter dem Backofengrill goldbraun bräunen.

Zubereiten: 30 Minuten
Backen: 55–60 Minuten

Stachelbeerkuchen

Für 8–10 Personen
750 g Stachelbeeren
150 g Zucker +
extra Zucker
1 Grundrezept
Kuchenteig
1 verquirltes Ei
- Eingefettete
Kuchenform mit
24 cm Durchmesser,
Ausstechform oder ein
Glas mit 3–4 Zentimeter
Durchmesser

Die Stachelbeeren waschen. Stiel und Blütenansatz entfernen und mit 125 Gramm Zucker in einen Topf geben. Aufkochen, dann die Temperatur zurückschalten und etwa 15 Minuten köcheln lassen, bis die Beeren aufplatzen und ein dickes Kompott entsteht. Das Kompott auf Zimmertemperatur abkühlen lassen.

Den Backofen auf 180 °C vorheizen. Den Teig auf der bemehlten Arbeitsfläche 3 mm dick ausrollen. Die Kuchenform damit auslegen und am Rand überstehen lassen. Mit dem Teigroller am Rand entlangfahren und den überstehenden Teig abschneiden. Das Stachelbeerkompott auf den Teigboden geben.

Aus den Teigresten wieder eine Kugel formen und 3 mm dick ausrollen. Mit einer Ausstechform oder mit einem runden Glas Kekse ausstechen. Auf den Kuchen legen. Die Teigscheiben und den Kuchenrand mit Ei bestreichen und mit Zucker bestreuen.

Den Kuchen 30–35 Minuten im vorgeheizten Backofen goldbraun backen. Den Kuchen in der Form lauwarm oder auf Zimmertemperatur abkühlen lassen.

Zubereiten: 30 Minuten + abkühlen
Backen: 30–35 Minuten

Tipp Sie können das Kompott auch schon im Voraus machen. Dazu das heiße Kompott in saubere Marmeladengläser füllen. Die Gläser verschließen, auf den Kopf stellen und 15 Minuten abkühlen lassen. Die Gläser wieder umdrehen und das Kompott noch weiter abkühlen lassen. An einem kühlen Ort können die Gläser bis zu 6 Monaten aufbewahrt werden.

Wenn Sie eine etwas kleinere Form verwenden und den Teig ein bisschen dünner ausrollen, dann bleibt genügend übrig, um kleine Kekse auszustechen und den Kuchen damit zu verzieren.

Kirschen-Crostata

Für 8–10 Personen
1½ Mengen Grundrezept Kuchenteig*
400 g Kirschkonfitüre
1 verquirltes Ei
- Springform mit 24 Zentimetern Durchmesser, Backpapier

* Dem Mehl 2 gestr. Teelöffel Backpulver zufügen, damit der Teig lockerer wird.

Den Backofen auf 180 °C vorheizen. Backpapier auf den Boden der Springform legen. Den Rand aufsetzen und die Form verschließen. Zwei Drittel des Teigs auf der bemehlten Arbeitsfläche 3 mm dick ausrollen. Die Form damit auslegen, den Teig am Rand 3 cm hoch stehen lassen. Die Kirschkonfitüre auf den Teigboden geben und glatt streichen.

Den restlichen Teig 3 mm dick ausrollen und in breite Streifen schneiden. Die Streifen auf dem Kuchen verflechten. Die Oberseite des Kuchens dann mit Ei bestreichen. Die Teigenden der Flechtstreifen am Rand mit einem 1 cm breiten Teigstreifen abdecken. Diesen Rand auch mit Ei bestreichen.

Die Crostata im vorgeheizten Backofen 35–40 Minuten goldbraun backen. In der Form abkühlen lassen und in Stücke schneiden.

Zubereiten: 20 Minuten
Backen: 35–40 Minuten

Tipp Backen Sie die Crostata auch mal mit Aprikosen- oder Waldbeerenkonfitüre.

Das ist einer der meistgebackenen Kuchen in unserer Familie. Wir finden ihn jedes Mal wieder herrlich, und dabei lässt er sich auch mit Kindern ganz einfach backen. Das Buch von Pellegrino Artusi von der 'Wissenschaft des Kochens und der Kunst des Genießens' hat mich zu meiner Crostata inspiriert, einem geflochtenen Kuchen, wie er in Italien in jeder Dorfbäckerei zu sehen ist.

Tarte Tatin mit Birnen

Für 8–10 Personen
1 Grundrezept
Kuchenteig
3 Birnen
50 g Butter
150 g Zucker +
extra Zucker
1 verquirltes Ei
Vanilleeis oder Crème
fraîche, zum Servieren
- Eingefettete Pfanne
für Tarte Tatin oder eine
Kuchenform mit 24 cm
Durchmesser

Den Backofen auf 180 °C vorheizen. Die Birnen der Länge nach halbieren, schälen und das Kernhaus entfernen. Butter und Zucker in einem Topf mit dickem Boden schmelzen. Leicht erhitzen, bis ein hellbrauner, glatter Karamell entstanden ist. Den Karamell in die Form gießen und sofort die Birnenhälften mit der Schnittfläche nach unten einlegen.

Den Teig auf einer bemehlten Arbeitsfläche zu einer runden Platte mit 28 cm Durchmesser ausrollen. Den Teig auf die Birnen legen. Den Teig zwischen dem Rand der Kuchenform und den Birnen gut fest drücken. Mit Butter bestreichen und mit Zucker bestreuen.

Den Kuchen im vorgeheizten Ofen etwa 25 Minuten goldbraun backen. Aus dem Ofen nehmen und sofort mit einem Messer am Rand entlangfahren, um den Teig und den Karamell von der Form zu lösen. Den Kuchen 10 Minuten in der Form abkühlen lassen.

Eine Kuchenplatte auf den Kuchen legen und umdrehen. Den Kuchen entweder sofort servieren oder auf Zimmertemperatur abkühlen lassen. Eine Kugel Vanilleeis oder ein Löffel Crème fraîche machen die Tarte Tatin perfekt.

Zubereiten: 20 Minuten
Backen: 25 Minuten

> **Die klassische Tarte Tatin** Die klassische Version dieser französischen Tarte mache ich mit 3 Kochäpfeln. Wenn Sie Äpfel und Birnen kombinieren, dann haben Sie für jeden Geschmack etwas.

Tiramisu

Schokoladen-Tiramisu 'in coppa'
Klassisches Tiramisu
Frisches Zitronen-Tiramisu
Ricotta-Tiramisu
15-Minuten-Tiramisu mit Eierlikör
Bayerische Creme aus Mokka-Tiramisu
Waldbeeren-Charlotte
Himbeer-Tiramisu mit
weißer Schokolade

Schokoladen
Tiramisu 'IN COPPA'

KLASSISCHES
Tiramisu

Ich mache Tiramisu meistens mit ITALIENISCHEN LÖFFELBISKUITS, DEN SAVOIARDI. Man findet sie in italienischen Lebensmittelgeschäften und in manchen Supermärkten. Sie sind dicker und kürzer als normale Löffelbiskuits, die Sie aber auch verwenden können.

Frisches ZITRONENTiramisu

RICOTTA
Tiramisu

FÜR EIN LEICHTERES TIRAMISU ERSETZE ICH DEN MASCARPONE DURCH RICOTTA. AUCH DAMIT WIRD DIE CRÈME HERRLICH SAHNIG UND LUFTIG.

Schokoladen-Tiramisu 'in coppa'

Für 4 Personen
75 g dunkle Schokolade
125 ml Schlagsahne
250 g Mascarpone
2 Esslöffel Zucker
100 ml Espresso
3 Esslöffel Kirschwasser
10 Löffelbiskuits
(oder echte italienische
Savoiardi)
3 Esslöffel Kirschkonfitüre
- Handrührer

75 ml Schlagsahne in einem Topf erhitzen. 50 Gramm Schokolade in Stücke brechen, in der warmen Schlagsahne schmelzen lassen und glatt rühren. Auf Zimmertemperatur abkühlen lassen.

Mit dem Handrührer den Mascarpone mit den restlichen 50 ml Schlagsahne und Zucker verrühren. Die abgekühlte Schokoladensahne und 1 Esslöffel Kirschwasser unter die Mascarponecreme rühren.

Espresso und restliches Kirschwasser in einer flachen Schüssel vermischen. Die Löffelbiskuits jeweils in 3 Stücke brechen und in diese Mischung eintauchen. Die getränkten Löffelbiskuits in die Tassen legen. Die Kirschkonfitüre darübergeben und danach die Schokoladenmascarponecreme einfüllen.

Die restliche Schokolade raspeln und das Tiramisu damit bestreuen. In jede Tasse 1 Löffelbiskuit stecken.

Zubereiten: 25 Minuten

> **Tipp** Diesen Nachtisch können Sie sofort servieren oder am Vortag herstellen und in den Kühlschrank stellen. Lassen Sie das Tiramisu vor dem Servieren aber Zimmertemperatur annehmen.

Klassisches Tiramisu

Für 8 Personen
3 Eier
5 Esslöffel Zucker
500 g Mascarpone
150 ml Espresso
4 Esslöffel Marsala
150 Löffelbiskuits
(oder echte italienische
Savoiardi)
Kakaopulver
- Handrührer oder
Küchenmaschine (Inhalt
1,5 Liter)

Eiweiß und Eigelb trennen. Die Eigelb mit 4 Esslöffeln Zucker in der Küchenmaschine zu einer dicke Creme aufschlagen. In einer sauberen Schüssel 2 Eiweiß (das dritte wird nicht verwendet) zu Schnee schlagen. Den restlichen Zucker zugeben und den Schnee steif schlagen.

Den Mascarpone unter die Eicreme heben. Den Eischnee locker unterziehen.

Espresso und Marsala in einer flachen Schüssel vermischen. Die Hälfte der Löffelbiskuits nacheinander in dieser Mischung tränken und den Boden einer Schüssel oder Schale damit belegen. Mit der Hälfte der Mascarponecreme bestreichen. Die restlichen Löffelbiskuits ebenfalls in der Espresso-Marsala-Mischung tränken und in einer Schicht auf die Mascarponecreme legen. Die restliche Mascarponecreme in die Schüssel füllen und glatt streichen. Das Tiramisu abdecken und mindestens 4 Stunden in den Kühlschrank stellen, damit es fest wird.

Vor dem Servieren dick mit Kakaopulver bestreuen.

Zubereiten: 25 Minuten
Kühlen: 4 Stunden

> **Marsala** Marsala ist ein Süßwein, der rund um die Stadt Marsala, die an der Westküste Siziliens liegt, hergestellt wird.

Frisches Zitronen-Tiramisu

Für 4 Personen
2 Zitronen
2 Blatt Gelatine
75 g Zucker
3 Esslöffel Limoncello
(Zitronenlikör)
20 Amaretti
250 g Mascarpone
50 ml Schlagsahne
Puderzucker
- 4 Backringe mit 7 cm Durchmesser, Backpapier, Handrührer

Die Backringe auf einen mit Backpapier belegten Teller legen. Auch die Innenseiten der Backringe mit Backpapier verkleiden. 1 Zitrone waschen und die Schale abreiben. Beide Zitronen auspressen und 100 ml Saft abmessen. Die Gelatine 5 Minuten in reichlich kaltem Wasser einweichen.

Zitronenabrieb mit Saft und Zucker in einem Topf aufkochen. Umrühren, bis sich der Zucker vollständig aufgelöst hat. Den Topf von der Platte nehmen und den Limoncello zugeben. Nacheinander 16 Amaretti in den Zitronensirup tauchen und als Kuchenboden in die Backringe legen.

Den restlichen Zitronensirup wieder aufwärmen. Die Gelatine gut ausdrücken. Den Topf von der Platte nehmen und die Gelatine unter Rühren im warmen Zitronensirup auflösen.

Mascarpone und Schlagsahne in der Küchenmaschine zu einer dicken Creme rühren. Den Zitronensirup zugeben. Die Mascarpone-Zitronencreme in die Backringe füllen. Das Tiramisu mindestens 2 Stunden im Kühlschrank fest werden lassen.

Das Tiramisu auf einen Teller setzen, Backringe und Backpapier entfernen. Mit den restlichen Amaretti dekorieren und mit Puderzucker bestreuen.

Zubereiten: 30 Minuten
Kühlen: 2 Stunden

Lieblingsrezept! Dies ist eines meiner Lieblings-Tiramisu-Rezepte. Ob mit Orange, Grapefruit oder Limetten, ich bringe es immer gerne auf den Tisch!

Amaretti sind italienische Mandelkekse. Man findet sie in italienischen Feinkostgeschäften oder in auch in Supermärkten. Es gibt kleine und etwas größere Amaretti. Wenn Sie für dieses Rezept die kleinen verwenden, dann brauchen Sie 32 Stück.

IN COPPA bedeutet auf Italienisch wörtlich in der Tasse. Sie können jedes Tiramisu so machen, und umgekehrt können Sie das Schokoladen-Tiramisu natürlich auch in einer Schüssel oder Schale zubereiten.

15-MINUTEN
Tiramisu mit Eierlikör

Ricotta-Tiramisu

Für 4 Personen
2 Eier
3 Esslöffel Zucker
1 Päckchen Vanillezucker
250 g Ricotta
125 ml Espresso
3 Esslöffel Marsala
100 g Löffelbiskuits
(oder echte italienische
Savoiardi)
Gemahlener Zimt
- Handrührer, Schüssel
oder Schale (Inhalt
750 ml)

Eiweiß und Eigelb trennen. Die Eigelb mit Zucker in der Küchenmaschine zu einer dicken Creme aufschlagen. In einer sauberen Schüssel die Eiweiß zu Schnee schlagen. Den restlichen Zucker zugeben und den Schnee steif schlagen.

Den Ricotta unter die Eicreme heben. Den Eischnee locker unterziehen.

Espresso und Marsala in einer flachen Schüssel vermischen. Die Hälfte der Löffelbiskuits nacheinander in dieser Mischung tränken und den Boden einer Schüssel oder Schale damit belegen. Mit der Hälfte der Ricottacreme bestreichen. Die restlichen Löffelbiskuits ebenfalls in der Espresso-Marsala-Mischung tränken und in einer Schicht auf die Mascarponecreme legen. Die restliche Ricottacreme in die Schüssel füllen und glatt streichen. Das Tiramisu abdecken und mindestens 4 Stunden in den Kühlschrank stellen, damit es fest wird.

Vor dem Servieren mithilfe eines Teesiebs mit Zimt bestreuen.

Zubereiten: 25 Minuten
Kühlen: 4 Stunden

15-Minuten-Tiramisu mit Eierlikör

Für 8 Personen
2 Esslöffel Mandelblättchen
200 ml Espresso
4 Esslöffel Mandellikör
200 g Löffelbiskuits
(oder echte italienische
Savoiardi)
500 g Mascarpone
200 ml Schlagsahne
3 Esslöffel Puderzucker
150 ml Eierlikör
- Handrührer oder
Küchenmaschine

Die Mandelblättchen ohne Fett in einer Pfanne goldgelb rösten und auf einen Teller schütten.

Espresso und Mandellikör in einer flachen Schüssel vermischen. Die Hälfte der Löffelbiskuits nacheinander in diese Mischung tauchen und den Boden einer Schüssel oder Schale damit belegen.

Mascarpone, Schlagsahne und Puderzucker in der Küchenmaschine mit dem Rührbesen zu einer dicken Creme rühren. Die Hälfte der Creme auf die Löffelbiskuits streichen. Mit der Hälfte des Eierlikörs beträufeln.

Die restlichen Löffelbiskuits einzeln in die Espresso-Mandellikörmischung tauchen und auf die Mascarpone-Eierlikörschicht legen. Mit der restlichen Mascarponecreme bestreichen und mit dem restlichen Eierlikör beträufeln.

Mit Mandelblättchen und Puderzucker bestreuen.

Zubereiten: 15 Minuten

> **Tipp** Dieses Tiramisu kann man sofort servieren. Man kann es aber auch vorbereiten und in den Kühlschrank stellen. Dann holt man es vor dem Servieren aus dem Kühlschrank und lässt es Zimmertemperatur annehmen, damit sich sein Geschmack entfaltet.

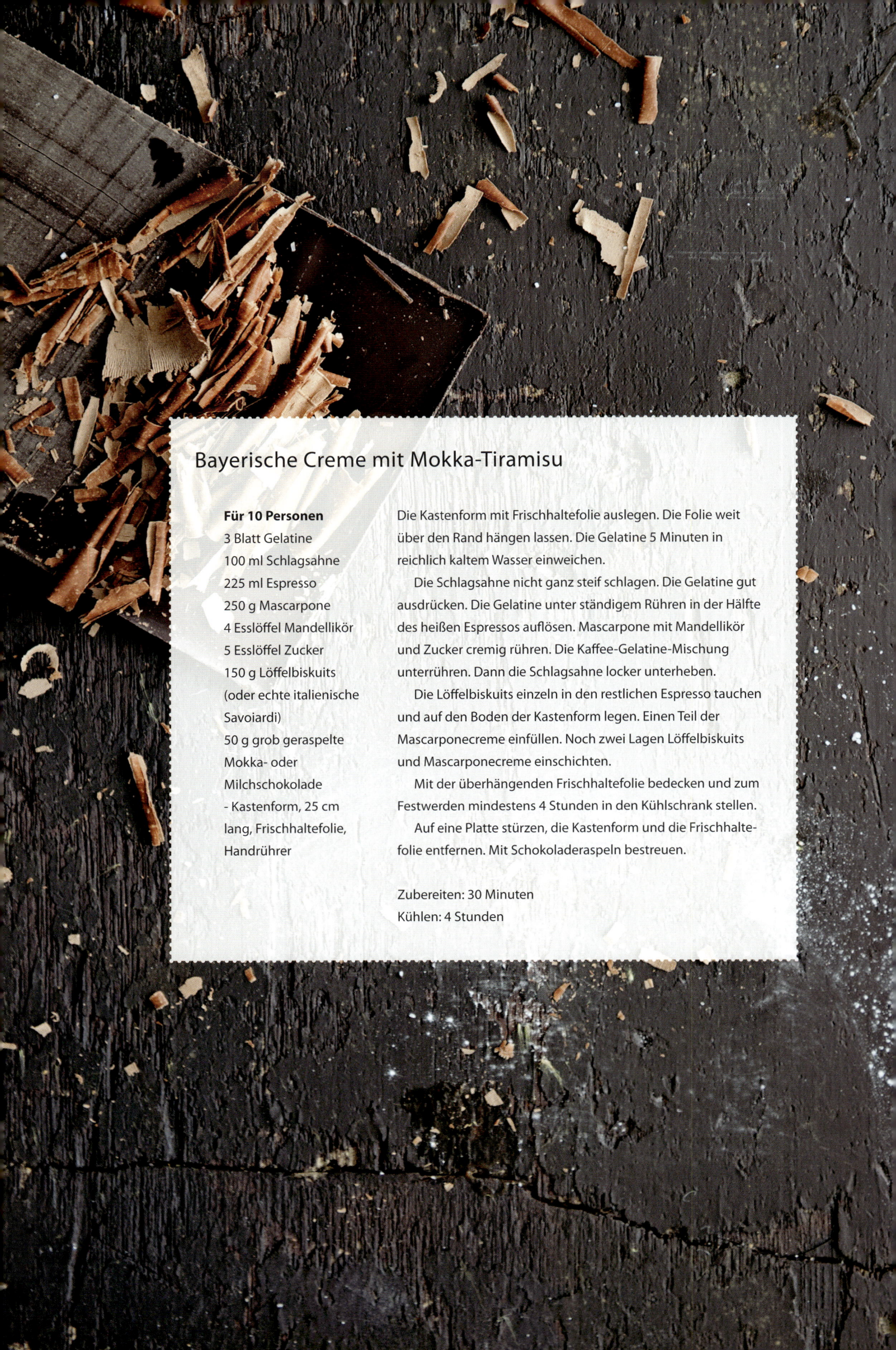

Bayerische Creme mit Mokka-Tiramisu

Für 10 Personen
3 Blatt Gelatine
100 ml Schlagsahne
225 ml Espresso
250 g Mascarpone
4 Esslöffel Mandellikör
5 Esslöffel Zucker
150 g Löffelbiskuits
(oder echte italienische Savoiardi)
50 g grob geraspelte Mokka- oder Milchschokolade
- Kastenform, 25 cm lang, Frischhaltefolie, Handrührer

Die Kastenform mit Frischhaltefolie auslegen. Die Folie weit über den Rand hängen lassen. Die Gelatine 5 Minuten in reichlich kaltem Wasser einweichen.

Die Schlagsahne nicht ganz steif schlagen. Die Gelatine gut ausdrücken. Die Gelatine unter ständigem Rühren in der Hälfte des heißen Espressos auflösen. Mascarpone mit Mandellikör und Zucker cremig rühren. Die Kaffee-Gelatine-Mischung unterrühren. Dann die Schlagsahne locker unterheben.

Die Löffelbiskuits einzeln in den restlichen Espresso tauchen und auf den Boden der Kastenform legen. Einen Teil der Mascarponecreme einfüllen. Noch zwei Lagen Löffelbiskuits und Mascarponecreme einschichten.

Mit der überhängenden Frischhaltefolie bedecken und zum Festwerden mindestens 4 Stunden in den Kühlschrank stellen.

Auf eine Platte stürzen, die Kastenform und die Frischhaltefolie entfernen. Mit Schokoladeraspeln bestreuen.

Zubereiten: 30 Minuten
Kühlen: 4 Stunden

BAYERISCHE CREME
mit Mokka-Tiramisu

Waldbeeren-Charlotte

Für 8 Personen

150 ml Espresso
6 Esslöffel Crème de Cassis (Schwarzer Johannisbeerlikör)
150 g Löffelbiskuits (oder echte italienische Savoiardi)
2 Blatt Gelatine
125 ml Waldbeerenpüree (siehe Tipp)
3 Esslöffel Zucker
375 g Mascarpone
150 ml Schlagsahne
1 Päckchen Vanillezucker
150 g Waldbeeren
Puderzucker
- Schüssel mit flachem Boden (Inhalt 1 Liter), Frischhaltefolie, Handrührer oder Küchenmaschine

Die Schüssel mit Frischhaltefolie auslegen. Die Folie weit über den Rand hängen lassen. Den Espresso in einem tiefen Teller mit der Hälfte des Johannisbeerlikörs vermischen. Die Löffelbiskuits einzeln mit der gezuckerten Seite nach unten in die Espressomischung tauchen. Die Biskuits an den Rand der Schüssel stellen. Sie dürfen ruhig über den Rand hinausragen, weil sie bald aufweichen und dann nach unten sinken.

Die Gelatine 5 Minuten in reichlich Wasser einweichen. Das Waldbeerenpüree mit dem Zucker vorsichtig in einem Topf erhitzen. Den Topf von der Platte nehmen und die gut ausgedrückte Gelatine unter Rühren darin auflösen.

Mascarpone, Schlagsahne und Vanillezucker mit dem Handrührer oder in der Küchenmaschine zu einer dicken Creme rühren. Das Waldbeerenpüree und den restlichen Johannisbeerlikör unterheben. Diese Masse in die Schüssel füllen.

Die restlichen Löffelbiskuits in die Espressomischung tauchen und die Creme damit bedecken. Die Biskuits in die passende Länge brechen. Die Charlotte mindestens 4 Stunden in den Kühlschrank stellen, damit sie fest wird.

Einen Teller auf die Charlotte legen und beides zusammen umdrehen. Die Schüssel und die Frischhaltefolie entfernen. Die Charlotte mit frischen Früchten garnieren und mit Puderzucker bestreuen.

Zubereiten: 30 Minuten
Kühlen: 4 Stunden

Waldbeerenpüree Beerenpüree mache ich meistens selbst, wenn die Beeren am besten sind: reif, saftig und voller Geschmack. Aus Waldbeeren, Himbeeren oder Erdbeeren zum Beispiel. Dazu die Früchte mit 1–2 Esslöffeln Zucker auf kleiner Hitze erwärmen, bis sie weich sind. Die weichen Beeren entweder mit dem Stabmixer pürieren oder durch ein feinmaschiges Sieb streichen und abkühlen lassen. Das Püree in kleinen Portionen einfrieren.

Waldbeeren
CHARLOTTE

Dieses Tiramisu ist ganz einfach und lecker ZUSAMMENGEMISCHT. Außerdem kann man es in weniger als 20 Minuten auf den Tisch bringen.

Himbeer-Tiramisu mit
WEISSER SCHOKOLADE

Himbeer-Tiramisu mit weißer Schokolade

Für 8–10 Personen
100 ml Espresso
4 Esslöffel Himbeerlikör
200 g Löffelbiskuits
(oder echte italienische
Savoiardi)
500 g Mascarpone
200 ml Schlagsahne
3 Esslöffel Zucker
1 Päckchen Vanillezucker
250 g Himbeeren
50 g weiße Schokolade
Gemahlener Zimt
- Handrührer

Espresso und Himbeerlikör vermischen. Die Hälfte der Löffelbiskuits einzeln in die Espressomischung tauchen und nebeneinander in eine Schüssel legen.

Mascarpone, Schlagsahne, Zucker und Vanillezucker mit dem Handrührer zu einer dicken Creme rühren. Die Hälfte auf die Löffelbiskuits streichen. Mit der Hälfte der Himbeeren belegen. Alle Zutaten in derselben Reihenfolge nochmals einschichten. Die Schokolade raspeln und über das Tiramisu streuen. Den Zimt mit einem Teesieb darüberstreuen.

Zubereiten: 20 Minuten

Joghurt & Quark

Hangop ('Häng-auf')
Gefrorener Beerenjoghurt
Frische Zitronenmousse
Kirschclafoutis mit Joghurt
Orangen-Joghurt-Soufflé
Sahnejoghurt im Glas mit marinierten Früchten
Holländischer Käsekuchen mit Pinienkernen
Joghurt-Zitronenkuchen

HANGOP

GEFRORENER
Beerenjoghurt

Joghurt oder Quark habe ich immer im Haus, da sie eine fantastische Grundlage für Desserts sind: **frisch, voll und sahnig** im Geschmack. Um den frischen Milchgeschmack zu erhalten, kombiniere ich beides gerne mit Früchten.

Hangop ('Häng-auf')

Für 4 Personen
1 Liter Vollmilchjoghurt
- Sieb, ein sauberes
Leinen- oder Geschirrtuch

Ein sauberes Leinen- oder Geschirrtuch anfeuchten und in ein Sieb legen. Das Sieb in eine Schüssel stellen und Vollmilchjoghurt einfüllen. Das Tuch kann auch geknotet und an einem Holzlöffel über einer Schüssel aufgehängt werden, das erklärt auch den Namen! Den Joghurt mindestens 6 Stunden abtropfen lassen, am besten sogar über Nacht oder einen ganzen Tag: Je länger der Joghurt abtropft, desto dicker und cremiger wird er. Mit Honig oder einer Handvoll frischer Früchte, Erdbeeren oder Himbeeren, aber auch mit gegrillten oder gebratenen Früchten schmeckt er sehr lecker.

Zubereiten: 10 Minuten
Abtropfen: 6 Stunden

Ziegenjoghurt Ich mache auch gerne Hangop aus Ziegenjoghurt. Ziegenmilch hat einen sanften, leicht süßlichen Geschmack. Ziegen-Hangop schmeckt wie sehr frischer Ziegenkäse.

Gefrorener Beerenjoghurt

Für 1 Person
150 g tiefgefrorene rote und / oder blaue Beeren
150 ml Vollmilchjoghurt (Natur oder Vanille)
- Küchenmaschine oder Mixer

Die gefrorenen Beeren in die Küchenmaschine oder in den Mixer geben. Joghurt zugeben und alles glatt und cremig pürieren. Für einen dickeren Joghurt fügen Sie einfach mehr Früchte zu. Wenn Sie den gefrorenen Joghurt mit einem Trinkhalm trinken wollen, dann fügen Sie mehr Joghurt zu.

Zubereiten: 10 Minuten

Supergesund, superschnell, superlecker! Etwas Feines für Sie ganz allein.

Gefrorene Beeren In der Tiefkühlabteilung des Supermarkts finden Sie tiefgefrorene Früchte in Dosen oder Tüten. Sie können die Früchte aber auch selbst in Gefrierdosen einfrieren. Wählen Sie reife, süße Früchte, die Sie vor dem Einfrieren waschen und gut trocknen.

Frische Zitronenmousse

Für 4 Personen
1½ Blatt Gelatine
100 g griechischer Joghurt
4 Esslöffel Zucker
75 ml Saft und 2 Esslöffel abgeriebene Schale von Grapefruit, Orange oder Zitrone
150 ml Schlagsahne
- Handrührer

Gelatine 5 Minuten in reichlich kaltem Wasser einweichen. Den Joghurt mit 2 Esslöffeln Zucker und Zitronenabrieb vermischen.

Zitronensaft in einem Topf aufkochen. Den Topf von der Platte nehmen und die gut ausgedrückte Gelatine einrühren. 5 Minuten abkühlen lassen.

Schlagsahne mit Zucker steif schlagen. Die Zitronen-Gelatine-Mischung unter den Joghurt rühren. Dann die Schlagsahne locker unterrühren.

Die Joghurtmousse in 4 kleine Schalen füllen. Zum Festwerden 3–4 Stunden in den Kühlschrank stellen.

Zubereiten: 20 Minuten
Kühlen: 3–4 Stunden

Frische
ZITRONENMOUSSE

Kirsch CLAFOUTIS
mit Joghurt

Kirsch-Clafoutis mit Joghurt

Für 8 Personen
250 g Kirschen
100 g Mehl
3 Esslöffel Zucker
2 Eier
200 ml Vollmilch-Joghurt
Puderzucker
- Eingefettete Kuchen- oder Tarteform mit 24 cm Durchmesser

Den Backofen auf 200 °C vorheizen. Die Kirschen waschen, aber nicht entsteinen. Auf dem Boden der Kuchenform verteilen.

Mehl, Zucker und Eier mit einer Prise Salz in einer Schüssel verrühren. Den Joghurt langsam zugeben, zu einer glatten Creme verrühren und über die Kirschen gießen.

Den Clafoutis im vorgeheizten Backofen 25–30 Minuten goldbraun backen. Aus dem Ofen nehmen und mit einer dicken Puderzuckerschicht bestäuben. Lauwarm oder mit Zimmertemperatur servieren. Nicht auf die Kirschsteine beißen!

Zubereiten: 10 Minuten
Backen: 25–30 Minuten

Mit Stein Da die Kirschen meist alle gleichzeitig reif werden, wird in Frankreich im Limousin ein Clafoutis aux cerises gebacken, das ist wie ein dicker Pfannkuchenteig mit Kirschen. Kirschen mit Stein haben mehr Geschmack, und die ganze Arbeit des Entsteinens fällt weg.

Noch mehr Geschmack Dem Teig können Sie ganz nach Belieben abgeriebene Zitronenschale, fein geschnittene Kräuter (z.B. Basilikum, Minze oder Thymian) oder einen Schuss Kirschwasser zufügen.

Sahniges Mango-Eis

Für 4 Personen
1 Blatt Gelatine
1 Dose Mango in Sirup (450 g)
250 ml Vollmilchjoghurt
200 ml Schlagsahne
3 Esslöffel Zucker
2 Esslöffel ungesalzene Pistazien, geschält und grob gehackt
- Mixer, Eismaschine

Die Gelatine 5 Minuten in reichlich kaltem Wasser einweichen. Den Mangosaft aus der Dose abgießen und 2 Esslöffel davon auffangen. Die Mangos im Mixer pürieren und glatt rühren.

Das Mangopüree in einem Topf erhitzen. Den Topf von der Platte nehmen und unter Rühren die gut ausgedrückte Gelatine in das warme Püree rühren. Mangosirup, Mangopüree und Joghurt miteinander vermischen.

Die Schlagsahne mit Zucker steif schlagen und unter die Mango-Joghurtmischung heben. Alles in die Eismaschine füllen und in 30–35 Minuten zu einer glatten Eiscreme aufschlagen. Das Eis kurz in den Gefrierschrank stellen, damit es schön sahnig bleibt. Vor dem Servieren mit den gehackten Pistazien bestreuen.

Zubereiten : 20 Minuten + Eis aufschlagen

Tipp Ich liebe dieses Eis vor allem, weil es so sahnig ist. Durch die Mango bekommt es einen feinen Fruchtgeschmack. Anstelle von Mangos können Sie auch Aprikosen, Pfirsiche oder Birnen aus der Dose verwenden. Oder auch weiche reife Früchte, wie zum Beispiel Erdbeeren. Dann lösen Sie die Gelatine einfach in Wasser auf.

Orangen JOGHURTSoufflé

SAHNEJOGHURT im Glas
mit marinierten Früchten

Ich mag diesen Sahnejoghurt im Glas auch sehr gerne MIT ZIEGENJOGHURT. Er schmeckt herrlich mit Erdbeeren, Himbeeren oder Pflaumen oder einfach so.

Orangen-Joghurt-Soufflé

Für 6 Personen
3 Orangen
3 Eier
50 g Butter (Zimmertemperatur)
200 g Zucker
1 Päckchen Vanillezucker
200 ml Vollmilchjoghurt
100 g Mehl
200 ml Schlagsahne
250 ml Vanillejoghurt
Puderzucker
- Handrührer, eingefettete Soufflé- oder Auflaufform (1 Liter)

Den Backofen auf 180 °C vorheizen. 1 Orange abwaschen und die Schale abreiben. Alle Orangen auspressen und 125 ml Saft abmessen. Eiweiß und Eigelb trennen.

Die Butter mit 175 Gramm Zucker, Vanillezucker und Orangenabrieb in der Küchenmaschine schaumig rühren. Dann den Orangensaft, die Eigelb und den Joghurt unterrühren. Das Mehl darübersieben und mit dem Spatel unterheben.

Das Eiweiß in einer sauberen Schüssel mit sauberen Schneebesen steif schlagen. Den Eischnee in 2 Portionen locker unter den Teig heben und in die Souffléform füllen.

Das Soufflé im vorgeheizten Ofen 40 Minuten goldbraun backen. Während des Backens den Backofen nicht öffnen! In der Zwischenzeit die Sahne mit dem restlichen Zucker steif schlagen. Den Vanillejoghurt in 2 Portionen zugeben und zu einer glatten Creme rühren.

Das Soufflé aus dem Ofen nehmen. Mit Puderzucker bestäuben und mit der Vanillejoghurtsahne servieren.

Zubereiten: 25 Minuten
Backen: 40 Minuten

> **Planung** Dieses Dessert ist ein herrlicher Abschluss für ein schönes Abendessen. Das Soufflé kommt in seiner Backform auf den Tisch, ob warm oder lauwarm, es ist immer gut! Die Grundmasse für dieses Soufflé lässt sich schon einige Stunden im Voraus zubereiten und kann zugedeckt im Kühlschrank aufbewahrt werden. Das Eiweiß erst steif schlagen, kurz bevor das Soufflé in den Ofen kommt (nicht bevor das Hauptgericht serviert wird).

Sahnejoghurt im Glas mit marinierten Früchten

Für 4 Personen
3 Weinbergpfirsiche
2 Aprikosen
4 Esslöffel Zitronen-Thymian-Sirup (siehe Seite 170)
200 ml Schlagsahne
3 Esslöffel Zucker
150 ml Vollmilchjoghurt
2 Esslöffel Haselnusspraliné (siehe Tipp)
- Handrührer, 4 saubere Joghurt- oder Marmeladengläser (Inhalt 150 ml)

Pfirsiche und Aprikosen halbieren, die Steine entfernen und die Früchte in kleine Stücke schneiden. Mit dem Zitronen-Thymian-Sirup beträufeln und auf 4 Gläser verteilen.

Die Sahne mit dem Zucker steif schlagen. Den Joghurt in 2 Portionen zugeben und zu einer sahnigen Creme verrühren. In die Gläser füllen.

Die Gläser kurz vor dem Servieren mit Haselnusspraliné bestreuen.

Zubereiten: 25 Minuten

> **Haselnusspraliné** 75 g geschälte Haselnüsse in einer Pfanne ohne Fett goldbraun rösten. In einem Topf mit dickem Boden 50 Gramm weißen Basterdzucker mit 1 Esslöffel Wasser schmelzen. Den Zucker hellbraun werden lassen. Die Haselnüsse zugeben und goldbraun karamellisieren lassen. Den Topf von der Platte nehmen und den Karamell auf ein mit Backpapier belegtes Blech schütten. Abkühlen und fest werden lassen. Den Haselnusskaramell in Stücke brechen oder in der Küchenmaschine grob hacken.

Holländischer Käsekuchen mit Pinienkernen

Für 6 Personen
2 Orangen
5 Platten aufgetauter TK-Blätterteig
3 Eier
125 g Zucker
1 Päckchen Vanillezucker
2 Teelöffel gemahlener Zimt
250 g Quark
1 Esslöffel Pinienkerne
- Eingefettete Tarte- oder Springform mit 20 cm Durchmesser

Den Backofen auf 200 °C vorheizen. Die Orangen abwaschen. Die Schale beider Orangen abreiben. Die Teigplatten nebeneinander legen und jede Platte mit abgeriebener Orangenschale bestreuen, bevor die nächste Platte darübergelegt wird. Zu einer runden Teigplatte mit 26 cm Durchmesser ausrollen und in die Backform legen.

Eier mit Zucker, Vanillezucker und Zimt verrühren. Den Quark unterheben. Die Quarkmischung auf den Teigboden geben und mit Pinienkernen bestreuen.

Den Kuchen im vorgeheizten Backofen 35 Minuten goldbraun backen. Den Kuchen in der Form abkühlen lassen.

Zubereiten: 20 Minuten
Backen: 30–35 Minuten

Orangenschale und Pinienkerne geben diesem holländischen Käsekuchen eine mediterrane Note.

Joghurt-Zitronenkuchen

Für 8–10 Personen
175 g gesiebtes Mehl
75 g Butter (Zimmertemperatur)
250 g Zucker
3 Eier + 3 Eigelb
2 Zitronen
250 g griechischer Joghurt
Puderzucker
- Frischhaltefolie, Handrührer oder Küchenmaschine mit Knethaken, eingefettete Kuchenform mit 24 cm Durchmesser, getrocknete Hülsenfrüchte zum Blindbacken (z.B. getrocknete Bohnenkerne)

Mehl, Butter, 75 Gramm Zucker, 1 Ei und 1 Prise Salz mit dem Handrührer oder in der Küchenmaschine zu einem glatten Teig verkneten. In Frischhaltefolie wickeln und mindestens 30 Minuten im Kühlschrank ruhen lassen.

Den Backofen auf 180 °C vorheizen. Den Teig zu einem Boden mit 30 cm Durchmesser ausrollen. Die Form damit auslegen. Ein großes Stück Backpapier auf den Teig legen und die Blindbackfüllung daraufgeben. Den Teigboden im vorgeheizten Backofen 15 Minuten blindbacken. Backpapier und Blindbackfüllung entfernen und den Teig noch 5 Minuten hellbraun backen, die Temperatur dazu auf 160 °C zurückschalten.

Die Zitronen waschen, die Schale abreiben und den Saft auspressen. 2 Eier mit 3 Eigelb, Zitronenabrieb, 175 Gramm Zucker und Joghurt verrühren. Die Zitronenfüllung auf den Teigboden geben.

Den Kuchen noch etwa 35 Minuten backen und dann in der Form vollständig abkühlen lassen. Den Kuchen aus der Form lösen, kräftig mit Puderzucker bestreuen und in 8–10 Stücke schneiden.

Zubereiten: 30 Minuten
Kühlen: 30 Minuten
Backen: 55 Minuten

> **Tipp zum Variieren** Der Kuchen schmeckt mit anderen Zitrusfrüchten wie Orange, Zitrone oder Grapefruit genauso köstlich. Sie brauchen für die Füllung etwa 100 ml Saft von Zitrusfrüchten.

Holländischer
KÄSEKUCHEN
mit Pinienkernen

Joghurt
ZITRONEN
kuchen

Kräuter

Estragon-Sahnepudding
Kräuter-Ricotta-Tarte
Kräuterzucker
Lorbeersirup
Kräuter-Tarteletts
Kräutersahne
Schokoladen-Rosmarin-Creme
Chutney aus roten Zwiebeln,
Balsamessig & frischen Kräutern
Minz-Granita
Weinschaum mit Thymian
Basilikum-Kekse mit
Lemoncurd

Estragon
SAHNEPUDDING

Es ist Ihnen bestimmt schon aufgefallen, dass ich auch bei meinen LIEBLINGSDESSERTS nicht auf Kräuter verzichten kann. Kräuter mit eher sanftem Geschmack, wie Basilikum und Zitronenmelisse, verwende ich für feine Desserts, holzige wie Thymian und Rosmarin für herzhaftere Rezepte.

Kräuter RICOTTA Tarte

Estragon-Sahnepudding

Für 4 Personen
500 ml Schlagsahne
4 Esslöffel Zucker
1 Päckchen Vanillezucker
4–5 Zweige Estragon
3 Blatt Gelatine
- 4 Puddingförmchen oder kleine Schalen (Inhalt 150 ml), Frischhaltefolie

Schlagsahne mit Zucker, Vanillezucker und Estragon zum Kochen in einem Topf zum Kochen bringen. Umrühren, bis sich der Zucker aufgelöst hat. Den Topf von der Platte nehmen und den Deckel auflegen. Die Estragonsahne 15 Minuten ziehen lassen. In der Zwischenzeit die Gelatine in reichlich kaltem Wasser einweichen.

Die Sahne wieder aufkochen und von der Platte nehmen. Die gut ausgedrückte Gelatine darin auflösen. Die Estragonsahne durch ein Sieb in die Puddingförmchen füllen. Mit Frischhaltefolie abdecken und auf Zimmertemperatur abkühlen lassen.

Den Pudding zum Festwerden mindestens 4 Stunden in den Kühlschrank stellen. Frisches Obst, zum Beispiel Aprikosen, Himbeeren oder Erdbeeren schmecken lecker dazu.

Zubereiten: 30 Minuten
Kühlen: 4 Stunden

Intensives Aroma Wenn der Estragon-Geschmack intensiver sein soll, dann lassen Sie die Zweige einfach 10–15 Minuten länger in der Sahne ziehen.

Kräuter-Ricotta-Tarte

Für 6 Personen
2 Zitronen
100 g Butter (Zimmertemperatur)
200 g Zucker
1 Päckchen Vanillezucker
3 Eier
250 g Ricotta
175 g gesiebtes Mehl
10 g Backpulver
4 Esslöffel fein gehackte Kräuter,
z. B. Minze, Estragon, Zitronenmelisse, Basilikum und Thymian
- Handrührer oder Küchenmaschine, eingefettete Springform mit 20 cm Durchmesser

Den Backofen auf 180 °C vorheizen. Die Zitronen waschen und die Schale abreiben. Butter mit Zucker, Vanillezucker, abgeriebener Zitronenschale und einer Messerspitze Salz schaumig rühren. Die Eier eins nach dem anderen unterrühren.

Erst den Ricotta, dann das Mehl und das Backpulver zugeben und zu einem glatten Teig verrühren. Die Kräuter unterheben und den Teig in die Backform füllen und glatt streichen.

Im vorgeheizten Ofen etwa 40 Minuten goldbraun backen. Die Tarte 10 Minuten in der Form abkühlen lassen.

Dann aus der Form nehmen und auf einem Kuchengitter abkühlen lassen. Die Tarte in Stücke schneiden. Schmeckt lecker mit Kräuter-Hangop.

Zubereiten: 20 Minuten + Abkühlen
Backen: 40 Minuten

Kräuter-Hangop Den Hangop (siehe Seite 108) mit frisch gehackten Kräutern vermischen. Sie können die Kräuter auch unter die geschlagene Sahne mischen (oder Sie mischen Quark und Schlagsahne und heben dann die Kräuter unter).

Leeres Butterpapier Wenn ich Kuchen oder Cakes backe, habe ich meist ein leeres Butterpapier. Das verwende ich zum Einfetten der Backformen. Auf der Verpackung ist meist noch reichlich Butter, und mit dem Papier kommt man gut in alle Ecken und Rillen. Dann werfe ich das Butterpapier weg und habe keine fettigen Hände.

Kräuterzucker

Grob gehackte Kräuter (Minze, Rosmarin, Thymian oder Basilikum) in einem Mörser mit 3–4 Esslöffeln feinem Zucker zerstoßen. Sie können die Kräuter auch in einer hohen Schüssel mit dem Pürierstab mixen. Schmeckt prima im Joghurt oder auf gegrillten Früchten.

Lorbeersirup

150 Gramm Zucker mit 125 ml Wasser und 4 Lorbeerblättern zum Kochen bringen. Rühren, bis sich der Zucker aufgelöst hat. Den Sirup auf kleiner Hitze 5 Minuten ziehen lassen. Die Lorbeerblätter herausnehmen. Den Sirup in eine saubere Flasche füllen und auf Zimmertemperatur abkühlen lassen.

Mehr Kräutersirup Zur Herstellung von Rosmarinsirup verwenden Sie anstelle von Lorbeerblättern zwei Zweige Rosmarin. Auf Seite 171 finden Sie das Rezept für Zitronen-Thymian-Sirup, einen meiner Lieblingssirups.

Kräutersirup schmeckt herrlich mit Eis, in Joghurt oder Quark oder mit Obstsalat. Er passt auch gut zu einem Glas frischem Schaumwein (vom Prosecco bis zum Champagner ist alles erlaubt).

KräuterTARTELETTS

Kräuter-Tarteletts

Für 8 Stück
200 g gesiebtes Mehl
100 g Butter (Zimmertemperatur)
75 g Zucker
1 Ei
3 Esslöffel fein gehackte Kräuter, z. B. Rosmarin, Thymian, Estragon und Minze
- Handrührer mit Knethaken oder Küchenmaschine, Frischhaltefolie, 8 eingefettete Tartelett-Formen mit 10 cm Durchmesser, Backpapier, getrocknete Hülsenfrüchte zum Blindbacken (z.B. getrocknete Bohnenkerne)

Aus Mehl, Butter, Zucker und Ei mit dem Handrührer oder in der Küchenmaschine einen glatten Teig kneten. Die Kräuter zugeben. Den Teig in Frischhaltefolie wickeln und mindestens 30 Minuten in den Kühlschrank legen.

Den Backofen auf 180 °C vorheizen. Den Teig auf einer bemehlten Arbeitsfläche 2 Millimeter dick ausrollen. Die Backformen damit auslegen. Ein Stück Backpapier in jede Form legen und die getrockneten Hülsenfrüchte zum Blindbacken einfüllen.

Die Teigböden 15 Minuten im vorgeheizten Backofen backen. Das Backpapier mit den Hülsenfrüchten entfernen und die Böden noch 5 Minuten goldbraun backen.

Vorbereitung: 20 Minuten
Ruhen: 30 Minuten
Backen: 20 Minuten

Füllungen Die Kräuter-Tarteletts fülle ich immer wieder anders, mit allem, das ich gerade im Haus habe. Ganz lecker finde ich Häng-auf mit frischen Erdbeeren. Oder türkischen Joghurt mit Rosensirup und Himbeeren. Sie können auch Quark mit Orangenstücken, gerösteten Nüssen und etwas Zimt nehmen.

Wenig Zeit? Kräuterteig kann man auch mit Blätterteig aus der Tiefkühltruhe machen. Legen Sie 10 Blatt Blätterteig (vorzugsweise mit Butter) auf einer bemehlten Arbeitsfläche mit Kräutern dazwischen aufeinander. Den Teigstapel ausrollen. Die Backformen damit auslegen.

Große Tarte Aus denselben Zutaten können Sie auch einen großen Kuchen oder eine große Tarte mit 24 Zentimetern Durchmesser backen. Nehmen Sie als Beispiel den Joghurt-Zitronenkuchen von Seite 116.

Kräutersahne

250 Gramm Mascarpone mit 200 Gramm Quark (45% Fettgehalt) und 3 Esslöffeln Puderzucker verrühren. Mit 2–3 Esslöffeln fein gehackten Kräutern vermischen. Schmeckt lecker mit Apfeltarte oder gegrillten Früchten.

Schokoladen
ROSMARIN Creme

Schokoladen-Rosmarin-Creme

Für 4 Personen
200 ml Vollmilch
2 Zweige Rosmarin
200 g gehackte dunkle Schokolade
125 g Mascarpone

Die Milch mit den Rosmarinzweigen zum Kochen bringen. Den Topf von der Platte nehmen und den Deckel auflegen. Die Rosmarinmilch 10 Minuten ziehen lassen.

Die Rosmarinzweige herausnehmen. Die Schokolade in die Milch geben und auf kleiner Hitze in der warmen Milch schmelzen lassen. Glatt rühren und auf Zimmertemperatur abkühlen lassen.

Den Mascarpone kräftig rühren und mit der Schokoladenmilch vermischen. Die Schokoladencreme in 4 Tassen füllen und mindestens 2 Stunden im Kühlschrank fest werden lassen.

Zubereiten: 15 Minuten
Kühlen: 2 Stunden

> **Neuer Klassiker** Schokolade & Rosmarin ist ein goldenes Duo, so wie Schokolade & Orange oder Schokolade & Birne. Für mich ist diese Kombination ein neuer Klassiker.

Chutney aus roten Zwiebeln, Balsamessig & frischen Kräutern

Für 6 Personen
1 Handvoll frische Kräuter, z. B. Thymian, Salbei und Minze
4 rote Zwiebeln
150 ml Balsamessig
175 Rohrzucker
3 Esslöffel Rosinen
1 Teelöffel gemahlener Zimt
2 Teelöffel gemahlener Anis
½ Teelöffel gemahlener Kumin
2 Lorbeerblätter
- Saubere Einmachgläser

Die Kräuter grob hacken. Alle Zutaten mit einer Prise Salz in einen Topf mit dickem Boden geben und zum Kochen bringen. Die Temperatur zurückschalten. Das Chutney 40 Minuten köcheln lassen. Gelegentlich umrühren. Einen Teller in den Gefrierschrank stellen. Überprüfen Sie, ob das Chutney die gewünschte Dicke hat indem Sie 1 Esslöffel davon auf den eiskalten Teller geben. Das heiße Chutney in saubere Einmachgläser füllen. Die Gläser verschließen und umgedreht 15 Minuten abkühlen lassen. Die Gläser wieder umdrehen und dann das Chutney vollständig abkühlen lassen. Es kann bis zu 6 Monaten an einem dunklen kühlen Ort aufbewahrt werden.

Zubereiten: 55 Minuten + Abkühlen

Ich freue mich immer über ein Käse-Dessert, zum Beispiel über eine Käseplatte mit feinem spanischen Käse. MANCHEGO kennen wir mittlerweile, aber Spanien wird nicht umsonst das Land der 1001 Käse genannt.

Der Blauschimmelkäse CABRALES hat einen kräftigen Geschmack. TORTA DEL CASAR ist ein milder, cremiger Schafskäse, der meist im Backofen geschmolzen wird.

Der baskische Käse IDIAZBAL ist ein Hartkäse aus Schafsmilch, den es auch geräuchert gibt. REQUESÓN ist wie Ricotta aus Molke gemacht, er schmeckt mild und frisch.

Und dann gibt es auch noch die vielen verschiedenen Ziegenkäse. Servieren Sie knuspriges Brot und dieses Chutney dazu.

CHUTNEY
aus roten Zwiebeln,
Balsamessig &
frischen Kräutern

Minz-Granita

Für 4 Personen
150 g Zucker
200 ml frisch gepresster Zitronensaft
(4–5 Zitronen)
3 Esslöffel fein gehackte Minze

Den Zucker mit 150 ml Wasser in einem Topf zum Kochen bringen. Umrühren, bis sich der Zucker vollständig aufgelöst hat. Den Zuckersirup von der Platte nehmen und auf Zimmertemperatur abkühlen lassen.

Den Zitronensaft durch ein Sieb in den Zuckersirup gießen. Die Minze zugeben und die Mischung in eine flache Gefrierdose gießen. In den Gefrierschrank stellen.

Das Granita nach 2 Stunden mit einer Gabel auflockern und in den Gefrierschrank zurückstellen. Dann das Granita stündlich mit der Gabel auflockern, bis es ganz gefroren ist.

Das Granita aus dem Gefrierschrank nehmen und wieder mit einer Gabel umrühren und auflockern. In 4 kleine Schalen, Gläser oder in ausgehöhlte Zitronenschalen verteilen.

Zubereiten: 15 Minuten
Kühlen: 6 Stunden

Tipp Am Tisch etwas Limoncello über das Granita gießen.

Tipp zum Variieren Verwenden Sie anstelle von Minze auch einmal Basilikum, Zitronenmelisse oder Thymian. Die Granita können Sie auch mit dem Saft von anderen Zitrusfrüchten zubereiten.

Minz GRANITA

Die ausgepressten Zitronenschalen mit einem Löffel gut auskratzen. Im Kühlschrank oder im Gefrierschrank aufbewahren und die Granita darin servieren.

WEINSCHAUM
mit Thymian

Weinschaum mit Thymian

Für 2 Personen
100 ml Rotwein
100 g Zucker
2–3 Thymianzweige
1 Eiweiß
- Handrührer

Den Wein mit 25 Gramm Zucker und Thymian in einen Topf geben. Zum Kochen bringen und dann leicht köcheln und auf 75 Milliliter einkochen lassen. Den Topf von der Platte nehmen und abkühlen lassen. Den Thymian herausnehmen.

Das Eiweiß mit dem restlichen Zucker und dem Wein mit dem Handrührer etwa 5 Minuten aufschlagen, bis es steif ist.

Den Weinschaum in 2 Bechern oder Gläsern servieren.

Zubereiten: 20 Minuten + Abkühlen

Dazu passen ... mürbe Kekse wie Blätterteigbrezeln oder Koggetjes, eine holländische Gebäckspezialität.

Basilikum-Kekse mit Lemoncurd

Ergibt circa 16 Stück
225 g gesiebtes Mehl
125 g Butter (Zimmertemperatur)
100 g Zucker
1 Ei
1 Handvoll gehackte Basilikumblätter
150 g Lemon Curd
Puderzucker
- Handrührer oder Küchenmaschine, Frischhaltefolie, Ausstecher oder Glas (5 cm Durchmesser), Apfelausstecher, mit Backpapier belegtes Backblech

Aus Mehl, Butter, Zucker, Ei und einer Prise Salz einen glatten Teig kneten. Das Basilikum in den Teig kneten. Den Teig in Frischhaltefolie wickeln und mindestens 30 Minuten in den Kühlschrank legen.

Den Backofen auf 180 °C vorheizen. Den Teig auf einer bemehlten Arbeitsfläche 2 mm dick ausrollen. Mit dem Ausstecher oder mit dem Glas Kekse ausstechen. Aus der Hälfte der Teigscheiben mit dem Apfelausstecher noch die Mitte ausstechen. Die Kekse auf das Backblech legen.

Die Kekse im vorgeheizten Backofen etwa 8 Minuten goldbraun backen. Auf ein Gitter legen und abkühlen lassen.

Die Kekse ohne Loch mit Lemon Curd bestreichen. Einen Keks mit Loch darauflegen. Die Kekse auf eine Platte legen und mit Puderzucker bestäuben.

Zubereiten: 30 Minuten
Kühlen: 30 Minuten
Backofen: 8 Minuten + Abkühlen

Für Kinder ersetzen Sie Lemon Curd durch Marmelade, Schokoladen- oder Haselnussaufstrich.

Lemon Curd finden Sie im Supermarkt auf den Regalen für Brotaufstriche. Er schmeckt frisch und cremig. Die Engländer streichen ihn zusammen mit Clotted Cream auf ihre Scones... LECKER! Ich finde, es macht Spaß, Curd, aus welchen Zitrusfrüchten auch immer, selbst zu machen. Das verlangt ein bisschen Geduld, aber dafür schmeckt es herrlich. Ein geschlossenes Glas können Sie wie Marmelade an einem kühlen Ort aufbewahren.

Für den Lemon Curd 4 Eier und 4 Eigelb mit 300 Gramm Zucker mit dem Schneebesen schlagen. 200 Gramm Zitronensaft und die abgeriebene Schale von 2 Zitronen zugeben.

Die Schüssel über einen Topf mit heißem Wasser stellen. Darauf achten, dass die Schüssel das Wasser nicht berührt (Wasserbad).

Wenn ich es eilig habe, dann rühre ich die Creme auf kleiner Hitze in einem Topf an. Ständig mit dem Schneebesen rühren, bis die Creme ungefähr die Konsistenz von Crème fraîche hat.

Die Schüssel vom Topf nehmen und 150 Gramm in kleine Stücke geschnittene Butter einrühren. Den Lemon Curd in 2 saubere Einmachgläser füllen (Inhalt 350 ml). Die Einmachgläser schließen und den Lemon Curd abkühlen lassen.

Desserts mit Gemüse

Paprika in Orangen-Ingwer-Sirup
Süße Avocadocreme mit weißer Schokolade
Umgedrehte Rhabarber-Tarte
Spargelpudding mit Erdbeer-'Tatar'
Pastinaken-Kuchen mit Vanilleguss
Kürbiskuchen
Süßkartoffel-Schokoladenkuchen
Holländischer Zucchinicake

Paprika in Orangen-Ingwer-Sirup

Süße Avocadocreme mit weißer Schokolade

Umgedrehte Rhabarber-Tarte

Spargelpudding mit Erdbeer-'Tatar'

Paprika in Orangen-Ingwersirup

Für 6 Personen
2 orangefarbene Paprikaschoten
100 ml frisch gepresster Orangensaft
100 g Zucker
4 Esslöffel Ingwersirup
6 Kugeln Vanilleeis
1 Esslöffel gerösteter weißer und/oder schwarzer Sesam
- Mit Backpapier ausgelegtes Backblech

Den Backofen auf 200 °C vorwärmen. Die Paprikaschoten der Länge nach halbieren und die Kerne entfernen. Die Schoten mit der Schnittfläche nach unten auf das Blech legen und 30 Minuten im Ofen backen, oder solange, bis sich auf der Haut schwarze Blasen bilden. Das Blech aus dem Ofen nehmen und die Paprika mit einem sauberen Küchentuch abdecken.

Orangensaft mit Zucker und Ingwersirup zum Kochen bringen. Den Zucker bei schwacher Hitze auflösen. In der Zwischenzeit die Paprikahaut abziehen und das Fruchtfleisch in Streifen schneiden.

1 Kugel Vanilleeis auf jeden Teller setzen und die warmen Paprikastreifen mit Ingwersirup auf die Teller verteilen. Mit Sesam bestreuen.

Zubereiten: 20 Minuten
Backen: 30 Minuten

> **Ingwersirup** Lassen Sie den Ingwersirup im Supermarkt stehen, der selbstgemachte schmeckt viel besser und ist ganz einfach zu machen! Lösen Sie 400 Gramm Rohrzucker bei schwacher Hitze in 500 ml Wasser auf. 5 cm ungeschälte, in dünne Scheiben geschnittene Ingwerwurzel in den Sirup geben und auf die Hälfte einkochen. Den heißen Sirup in eine saubere Flasche füllen und in der verschlossenen Flasche abkühlen lassen.

Süße Avocadocreme mit weißer Schokolade

Für 4 Personen
200 g weiße Schokolade
250 ml Schlagsahne
4 Esslöffel Puderzucker
2 reife Avocados
Saft von 1 Limette
- Stabmixer

150 Gramm Schokolade grob hacken und in 4 Esslöffeln Schlagsahne in einem Topf bei schwacher Hitze schmelzen. Die restliche Sahne mit dem Puderzucker nicht ganz steif schlagen.

Die Avocados halbieren, den Kern herausnehmen und die Schale entfernen. Die Avocados mit Limettensaft mit dem Stabmixer pürieren.

Schokoladensahne und Avocadopüree vermischen. Die geschlagene Sahne locker unterheben. Die Creme auf 4 kleine Schalen verteilen. Die restliche Schokolade raspeln und die Creme damit bestreuen. Entweder sofort servieren oder noch 1–2 Stunden in den Kühlschrank stellen, wenn die Creme fester sein soll.

Zubereiten: 20 Minuten

> **Tipp** Aus Avocado können Sie auch eine leckere Eiscreme zubereiten (siehe Seite 214).

Genau genommen ist Avocado eine Frucht, aber wir verwenden sie vor allem als Gemüse – so wie wir Rhabarber eher als Obst verwenden. Wie dem auch sei, wenn Sie genau wie ich verrückt sind nach Avocados und Guacamole, dann werden Sie dieses cremige Dessert bestimmt herrlich finden.

Umgedrehte Rhabarber-Tarte

Für 4 Personen
25 g Butter
5 Esslöffel Zucker
350 g Rhabarber
2 Scheiben aufgetauter
TK-Blätterteig
125 ml Crème fraîche
- Backform,
14 x 24 cm groß

Den Backofen auf 200 °C vorheizen. Den Boden und 3 cm vom Rand dick mit Butter einfetten. Die Backform mit 4 Esslöffeln Zucker bestreuen.

Den Rhabarber in 12 cm lange Stücke schneiden. Dicke Stangen noch einmal der Länge nach halbieren. Die Rhabarberstücke dicht nebeneinander in die Form legen. Mit dem restlichen Zucker bestreuen. Die Blätterteigplatten auf den Rhabarber legen und gut zwischen den Rhabarber und den Rand der Backform drücken. Mit einer Gabel Löcher in den Teig stechen.

Die Tarte im vorgeheizten Backofen 20 Minuten goldbraun backen. Den Saft, der sich in der Backform angesammelt hat, vorsichtig in eine kleine Schüssel gießen. Eine Platte auf die Backform legen, beide zusammen umdrehen und die Form vorsichtig entfernen. Die Tarte mit dem aufgefangenen Saft beträufeln.

Die Tarte in breite Streifen schneiden. Warm oder mit Zimmertemperatur mit einem Löffel Crème fraîche servieren.

Zubereiten: 10 Minuten
Backen: 20 Minuten

Kuchen, Sorbet oder Auflauf Weitere Desserts oder Kuchen mit Rhabarber finden Sie ab Seite 6.

Spargelpudding mit Erdbeer-'Tatar'

Für 4 Personen
500 g Spargel
250 ml Schlagsahne
3 Blatt Gelatine
3 Esslöffel Zucker
75 g Erdbeeren
1 Esslöffel Zitronensaft
1 Esslöffel Puderzucker
2 Teelöffel fein gehackte
Minze
- Pürierstab oder
Küchenmaschine,
4 Puddingförmchen
(Inhalt 125 ml)

Den Spargel schälen und die holzigen Enden abschneiden. Die Spargel in wenig Wasser mit Salz 20 Minuten garen, abgießen und gut abtropfen lassen. Mit dem Pürierstab oder in der Küchenmaschine pürieren. Das Spargelpüree in einen Messbecher füllen und mit Schlagsahne auf 400 ml ergänzen.

Die Gelatine 5 Minuten in reichlich kaltem Wasser einweichen. Das Spargelpüree mit Zucker aufkochen. Den Zucker auf schwacher Hitze auflösen. Den Topf von der Platte nehmen und unter ständigem Rühren die gut ausgedrückte Gelatine im Spargelpüree auflösen.

Die Puddingformen mit kaltem Wasser ausspülen (nicht abtrocknen). Das Spargelpüree einfüllen. Die Puddingformen abdecken und zum Festwerden mindestens 3 Stunden in den Kühlschrank stellen.

Die Erdbeeren putzen oder waschen, die Stiele entfernen. Die Erdbeeren in kleine Würfel schneiden. Mit Zitronensaft, Puderzucker und Minze vermischen. Zum Marinieren in den Kühlschrank stellen.

Die Puddingformen kurz in heißes Wasser halten, damit sich der Pudding leichter aus der Form lösen lässt. Auf jede Form einen Dessertteller legen, beides zusammen umdrehen und den Pudding auf den Teller stürzen. Die Form vorsichtig entfernen. Den Erdbeer-Minztatar auf den Pudding geben.

Zubereiten: 20 Minuten
Kühlen: 3 Stunden

Tipp Ich finde, aus Spargel lässt sich auch eine ganz leckere Eiscreme machen (siehe Seite 214).

Pastinakenkuchen mit Vanilleguss

Kürbiskuchen

Süßkartoffel-Schokoladenkuchen

Holländischer Zucchinicake

Pastinakenkuchen mit Vanilleguss

Für 8 Personen
275 g Butter
(Zimmertemperatur)
175 g Zucker
1 Päckchen Vanillezucker
2 Eier
150 g gesiebtes Mehl
1 ½ Teelöffel Backpulver
1 TL gemahlener Zimt
1 TL gemahlener Ingwer
1 Teelöffel Anissamen
175 g Pastinaken
1 Orange
75 g grob gehackte Pekannüsse
1 Vanilleschote
200 g Puderzucker
200 g Frischkäse Natur
- Handrührer oder Küchenmaschine, eingefettete Springform mit 20 cm Durchmesser

Den Backofen auf 160 °C vorheizen. 125 Gramm Butter mit Zucker, Vanillezucker und einer Messerspitze Salz schaumig schlagen. Die Eier einzeln einrühren. Dann das Mehl, Backpulver und die Gewürze unterheben.

Die Pastinaken mit einem Sparschäler schälen und grob raspeln. Die Orange abwaschen die Schale fein abreiben. Pastinakenraspel, Orangenschale und Pekannüsse unter den Teig heben. In die Springform füllen.

Den Kuchen im vorgeheizten Backofen in 50–55 Minuten goldbraun backen. Den Kuchen in der Form abkühlen lassen.

Die Vanilleschote der Länge nach aufschlitzen. Das Vanillemark mit einer Messerspitze abkratzen. Die restlichen 150 Gramm Butter mit Puderzucker schaumig schlagen. Vanillemark und Frischkäse unterrühren. Den Kuchen oben und am Rand mit der Frischkäsemischung bestreichen. Den Kuchen 1 Stunde in den Kühlschrank stellen, damit der Guss etwas fester wird.

Zubereiten: 30 Minuten
Kühlen: 1 Stunde
Backofen: 50–55 Minuten

Pastinaken Glücklicherweise sind Pastinaken jetzt viel einfacher zu finden als noch vor ein paar Jahren. Das cremefarbene Wurzelgemüse hat einen zarten Geschmack und ein leichtes Anisaroma.

Sie haben genug von dem ewigen Karottenkuchen? Dann ist es höchste Zeit, dass Sie meinen Pastinakenkuchen probieren!

Kürbiskuchen

Für 8 Personen
200 g Butter (Zimmertemperatur)
300 g Zucker
3 Eier
250 g Mehl
3 gestr. Teelöffel Backpulver
3 Teelöffel gemahlener Zimt
250 g grob geriebener Kürbis
125 g Puderzucker
2–3 Esslöffel Orangensaft
- Handrührer oder Küchenmaschine, eingefettete Kastenform, 25 cm lang

Den Backofen auf 160 °C vorheizen. Butter und Zucker mit dem Handrührer oder in der Küchenmaschine schaumig schlagen. Die Eier einzeln unterrühren.

Das Mehl mit Backpulver und Zimt in die Rührschüssel sieben. Zu einem glatten Teig verrühren und den geriebenen Kürbis zugeben. Den Teig in die Kuchenform füllen.

Im vorgeheizten Ofen etwa 55 Minuten goldbraun backen. Den Kuchen 10 Minuten in der Form abkühlen lassen, dann aus der Form nehmen und auf einem Kuchengitter vollständig abkühlen lassen.

Mit der Gabel Puderzucker, Orangensaft und 1 Teelöffel Zimt zu einer dicken Glasur verrühren. Den Kuchen damit bestreichen und trocknen lassen.

Zubereiten: 25 Minuten
Backen: 55 Minuten

Tipp Mischen Sie die abgeriebene Schale einer Orange und 75 Gramm gehackte, Wal-, Hasel- oder Pekannüsse in den Teig.

Süßkartoffel-Schokoladenkuchen

Für 10 Personen
275 g Süßkartoffeln
125 g Butter (Zimmertemperatur)
125 g dunkle grob gehackte Schokolade (mind. 70% Kakaogehalt)
150 g Zucker
3 Eier
3 gesiebtes Mehl
½ Teelöffel Backpulver
Kakaopulver
- Pürierstab, eingefettete Kuchenform mit 22 cm Durchmesser

Den Backofen auf 180 °C vorheizen. Die Kartoffeln schälen und in Würfel schneiden. In reichlich Salzwasser 10 Minuten weich kochen.

Butter und Schokolade in einem Topf auf kleiner Hitze schmelzen. Glatt rühren, von der Platte nehmen und 5 Minuten abkühlen lassen. In der Zwischenzeit die Kartoffelwürfel abgießen und mit dem Pürierstab pürieren.

Erst den Zucker und dann die Eier eines nach dem anderen unter die Schokoladenbutter rühren. Das Kartoffelpüree und zuletzt das mit Backpulver vermischte Mehl unterziehen. Den Teig in die Form füllen.

Den Kuchen 30–35 Minuten im vorgeheizten Backofen backen, bis die Oberfläche fest ist. Den Kuchen aus dem Ofen nehmen und in der Form abkühlen lassen. Den Kuchen mit Kakaopulver bestäuben und in kleine Stücke schneiden.

Zubereiten: 20 Minuten
Backen: 30–35 Minuten

Holländischer Zucchinicake

Für 6 Personen
150 g Butter
(Zimmertemperatur)
150 g Zucker
2 Eier
50 ml Joghurt
150 g Mehl
1½ gestr. Teelöffel
Backpulver
1 Teelöffel gemahlener
Zimt
150 g grob geriebene
Zucchini
50 g Haferflocken
- Handrührer oder
Küchenmaschine,
6 eingefettete Mini-
Cakeformen (6 x 9 cm)

Den Backofen auf 180 °C vorheizen. Butter und Zucker mit einer Prise Salz mit dem Handrührer oder in der Küchenmaschine schaumig rühren. Die Eier nacheinander einrühren, dann den Joghurt zugeben.

Mehl, Backpulver und Zimt in die Schüssel sieben und zu einem glatten Teig verrühren. Zucchini und Haferflocken unterrühren. Den Teig in die Cakeformen einfüllen.

Die Cakes im vorgeheizten Ofen in etwa 25 Minuten goldbraun backen. Lauwarm servieren oder auf Zimmertemperatur abkühlen lassen.

Zubereiten: 25 Minuten
Backen: 25 Minuten

Fürs Picknick Die Cakes vollständig abkühlen lassen und in Pergamentpapier wickeln.

Joghurtglasur Einen Esslöffel Joghurt mit einigen Löffeln Puderzucker zu einer dicken Glasur verrühren. Die Cakes damit bestreichen und die Glasur trocknen lassen.

Tipp Mit den Haferflocken gleichzeitig die Schale einer sauberen, abgeriebenen Zitrone unter den Teig rühren. Die Zitronenschale verleiht dem Kuchen eine frische Note.

Pudding

Bitterkoekjes-Pudding
Aperol-Spritz-Gelee
Grießpudding mit warmer Waldbeerensauce
Schokoladenpudding mit Karamellsauce
Panna Cotta mit Waldbeeren
Holländischer Erdbeerpudding
Prosecco-Gelee mit Sommerfrüchten
Zitronen-Limetten-Sahnepudding

BITTERKOEKJES
pudding

Einen Pudding aus seiner Form zu stürzen ist immer ein ganz spannender Moment. Achten Sie darauf, dass die Form oder die Förmchen vorher gut eingefettet werden. Sie können die Form oder Förmchen auch mit kaltem Wasser ausspülen und abtropfen lassen. Auf gar KEINEN FALL abtrocknen!

APEROL-SPRITZ
Gelee

GRIESSPUDDING
mit warmer Waldbeerensauce

Bitterkoekjes-Pudding

Für 4 Personen
250 g Bitterkoekjes
(eine niederländische
Spezialität, Mandelkekse,
die im Gegensatz zu
Amaretti im Innern
weich sind)
65 g Speisestärke
2 Päckchen Vanillezucker
3 Esslöffel Zucker
500 ml Vollmilch
500 ml Schlagsahne
3 Esslöffel Mandellikör
- Puddingform (Inhalt
1 Liter)

200 Gramm Bitterkoekjes in Stücke brechen oder schneiden. Speisestärke mit Vanillezucker und Zucker in eine Schüssel geben. Mit 100 ml Milch glatt rühren.

Die restliche Milch mit der Schlagsahne und den zerbröselten Keksen in einem Topf zum Kochen bringen. 5 Minuten köcheln lassen, bis die Kekse auseinanderfallen. Dabei regelmäßig umrühren.

Die Temperatur zurückschalten. Die Stärkemischung unter ständigem Rühren zu den aufgelösten Keksen geben. Auf kleiner Hitze noch 3 Minuten köcheln lassen. Mit einem Holzspatel von Zeit zu Zeit kräftig umrühren. Den Topf von der Platte nehmen und den Mandellikör einrühren.

Die Puddingform mit kaltem Wasser ausspülen und abtropfen lassen (nicht abtrocknen!). Den Pudding einfüllen. Mit Frischhaltefolie abdecken und abkühlen lassen. Zum Festwerden 4 Stunden oder über Nacht in den Kühlschrank stellen.

Den Pudding am Rand von der Form lösen. Einen Teller darauflegen und beides zusammen umdrehen. Den Pudding aus der Form stürzen. Mit den restlichen Bitterkoekjes dekorieren und am Tisch mit einem nassen Messer in Stücke schneiden.

Zubereiten: 20 Minuten
Kühlen: 4 Stunden

Serviertipp Dazu passt geschlagene, mit Mandellikör gesüßte Sahne ganz hervorragend.

Aperol-Spritz-Gelee

Für 4 Personen
4 Blatt Gelatine
75 g Zucker
300 ml Aperol
(italienischer Aperitif)
200 ml Prosecco
4 Orangenschnitze
1 Esslöffel kleine
Minzblättchen
- 4 Einmachgläser
oder andere Gläser
(Inhalt 150 ml)

Die Gelatine 5 Minuten in reichlich kaltem Wasser einweichen.
Den Zucker mit 100 ml Wasser in einen Topf geben. Zum Kochen bringen und umrühren, bis sich der Zucker aufgelöst hat. Den Topf von der Platte nehmen. Die Gelatine gut ausdrücken und in den heißen Zuckersirup rühren. Auf Zimmertemperatur abkühlen lassen.

Aperol und Prosecco mit der abgekühlten Gelatinemischung verrühren. In die Gläser füllen und mindestens 4 Stunden im Kühlschrank fest werden lassen.

Vor dem Servieren in jedes Glas einen Orangenschnitz stecken und mit Minzblättchen bestreuen.

Zubereiten: 15 Minuten
Kühlen: 4 Stunden

Grießpudding mit warmer Beerensauce

Für 6 Personen
600 ml Vollmilch
400 ml Schlagsahne
100 g Grieß
175 g Zucker
2 Teelöffel Vanillearoma
(Flasche)
150 g Blaubeeren
1 Esslöffel Crème de
Cassis (schwarzer
Johannisbeerlikör)
- Puddingform (Inhalt
1 Liter)

Milch und Schlagsahne in einem Topf aufkochen. Mit einem Holzlöffel regelmäßig umrühren. Den Grieß mit 100 Gramm Zucker vermischen.

Die Grieß-Zuckermischung langsam unter ständigem Rühren in den Topf rieseln lassen. Wieder zum Kochen bringen und dann 3 Minuten kochen lassen. Ab und zu gut umrühren, dann das Vanillearoma einrühren.

Die Puddingform mit kaltem Wasser ausspülen und abtropfen lassen (nicht abtrocknen!). Den Pudding einfüllen. Mit Frischhaltefolie abdecken und abkühlen lassen. Den Pudding zum Festwerden 4 Stunden oder über Nacht in den Kühlschrank stellen.

Den Pudding am Rand von der Form lösen. Einen Teller darauflegen und beides zusammen umdrehen. Den Pudding aus der Form stürzen.

Die Beeren mit den restlichen 75 Gramm Zucker und 2 Esslöffeln Wasser erhitzen, bis die Beeren aufplatzen und der Saft austritt. Die Sauce noch eine Minute erhitzen. Den Topf von der Platte nehmen und den Johannisbeerlikör einrühren. Einige Löffel Beerensauce über den Pudding gießen. Die restliche Sauce dazu servieren.

Zubereiten: 20 Minuten
Kühlen: 4 Stunden

Haltbare Schlagsahne Bereiten Sie Pudding am besten mit haltbarer Schlagsahne zu. Sie verträgt die Hitze beim Kochen besser.

Haut auf dem Pudding? Igitt! Allein der Anblick dieser Haut hat gereicht, dass ich früher keinen Pudding essen wollte. Aber die Hautbildung kann ganz einfach verhindert werden, wenn man
die Schüssel mit dem heißen Pudding mit Frischhaltefolie abdeckt
oder ihn mit einer dünnen Zuckerschicht bestreut.

Einen gekochten Pudding sollten Sie vor dem Stürzen mit dem Messer vom Rand lösen. Einen Pudding, der mit Gelatine zubereitet wird, stellt man kurz in eine Schüssel mit heißem Wasser (ein paar Sekunden genügen).

Schokoladenpudding mit Butterscotchsauce

Für 4–6 Personen
200 g Mehl
1 P. Backpulver
2 EL Kakaopulver
150 g Butter
(Zimmertemperatur)
250 g brauner Zucker
2 Eier
50 ml Milch
75 ml Schlagsahne
- Puddingform (Inhalt
1 Liter), Handrührer
oder Küchenmaschine,
Backpapier, Alufolie,
Küchengarn oder
Gummiband

Die Puddingform mit Butter einfetten. Den Boden mit passend geschnittenem Backpapier auslegen. Mehl mit Backpulver und Kakaopulver sieben.

Mit dem Handrührer oder mit der Küchenmaschine 100 Gramm Butter und 100 Gramm Zucker mit 1 Messerspitze Salz schaumig rühren. Erst die Eier eins nach dem anderen zugeben, dann die Milch. Die Mehlmischung in 2–3 Portionen einrühren und einen glatten Teig herstellen. Den Teig in die Puddingform füllen und glatt streichen.

Ein Stück Backpapier mit Butter bestreichen und mit der bestrichenen Seite nach unten auf den Pudding legen. Ein Stück Alufolie darüberlegen und mit Küchengarn oder einem Gummi gut befestigen.

Die Form in einen hohen Topf stellen. Den Topf zur Hälfte mit kochendem Wasser füllen und den Deckel auflegen. Den Pudding 2½ Stunden langsam garen. Darauf achten, dass das Wasser immer kocht (= 100 °C), und regelmäßig überprüfen, ob noch genügend Wasser im Topf ist.

Die Puddingform aus dem Topf nehmen, Backpapier und Alufolie entfernen. Den Pudding 10 Minuten ruhen lassen. In der Zwischenzeit den restlichen Zucker (100 Gramm) mit der restlichen Butter (100 Gramm) und der Schlagsahne schmelzen. Zu einen glatten Karamellsauce rühren und auf Zimmertemperatur abkühlen lassen.

Einen Teller auf die Puddingform legen beides zusammen umdrehen. Zusammen mit der Butterscotchsauce servieren.

Zubereiten: 30 Minuten
Garen: 2½ Stunden

Früher hatte nicht jeder Haushalt einen Backofen, deshalb wurde PUDDING auch in einem Topf in kochendem Wasser zubereitet. Dieses Rezept ist ein Beispiel für eine wunderbare altmodische Technik. Mit einem fantastischen Ergebnis, finde ich.

Schokoladenpudding mit BUTTERSCOTCHsauce

Diese samtigen Sahnepuddings findet man in Italien auf fast jeder Speisekarte.

Panna Cotta mit WALDBEEREN

Holländischer ERDBEERpudding

Panna Cotta mit Waldbeeren

Für 4 Personen
3 Blatt Gelatine
500 ml Schlagsahne
75 g Zucker
1 Päckchen Vanillezucker
2 Esslöffel Waldbeerenlikör
250 g Waldbeeren (frisch oder TK)
- 4 Puddingförmchen (Inhalt 150 ml)

Die Gelatine 5 Minuten in reichlich kaltem Wasser einweichen. Schlagsahne und Zucker – 2 Esslöffel zurückbehalten – mit Vanillezucker zum Kochen bringen. Umrühren, bis sich der Zucker vollständig aufgelöst hat.

Den Topf von der Platte nehmen. Unter Rühren die gut ausgedrückte Gelatine in der Sahne auflösen. Den Likör zugeben.

Die Puddingförmchen mit kaltem Wasser ausspülen und abtropfen lassen (nicht abtrocknen!). Die Sahne einfüllen und auf Zimmertemperatur abkühlen lassen. Zum Festwerden mindestens 3 Stunden in den Kühlschrank stellen.

Die Waldbeeren mit 2 Esslöffeln Zucker und 2–3 Esslöffeln Wasser erhitzen, bis die Früchte aufplatzen und der Saft austritt. Die Sauce auf Zimmertemperatur abkühlen lassen.

Die Förmchen einige Sekunden in eine Schüssel mit heißem Wasser halten. Einen Teller darauf legen und beides zusammen umdrehen. Die Förmchen entfernen und die Beerensauce neben die Panna Cotta gießen.

Zubereiten: 20 Minuten
Kühlen: 3 Stunden

> **Schlankere Variante** Die Hälfte der Schlagsahne durch Vollmilch ersetzen.

Holländischer Erdbeerpudding

Für 4 Personen
125 g Erdbeeren
3 Blatt Gelatine
3 Esslöffel Zucker
1 Päckchen Vanillezucker
300 ml Schlagsahne
2 Esslöffel Minzlikör (oder Erdbeerlikör)
4 Spitzen von Minzzweigen
- Pürierstab, 4 Puddingformen (Inhalt 150 ml)

Die Erdbeeren putzen, die Stiele entfernen und mit dem Pürierstab pürieren. Die Gelatine 5 Minuten in reichlich kaltem Wasser einweichen.

In der Zwischenzeit den Zucker mit Vanillezucker in einem Topf in 100 ml Sahne auf kleiner Hitze auflösen. Die Sahne aufkochen und von der Platte nehmen. Die gut ausgedrückte Gelatine in die Sahne rühren und auf Zimmertemperatur abkühlen lassen.

Die pürierten Erdbeeren mit dem Likör unter die abgekühlte Sahne rühren. Den Topf in eine große Schüssel mit eiskaltem Wasser oder Eiswürfeln stellen. Die Masse etwa 30 Minuten abkühlen lassen, bis sie etwas fester wird. Gelegentlich umrühren. Die restliche Schlagsahne schlagen, aber nicht ganz steif. Die geschlagene Sahne unter die Erdbeermischung heben.

Die Puddingförmchen mit kaltem Wasser ausspülen und abtropfen lassen (nicht abtrocknen!). Die Puddingmasse einfüllen. Zum Festwerden mindestens 3 Stunden in den Kühlschrank stellen.

Die Förmchen einige Sekunden in eine Schüssel mit heißem Wasser halten. Einen Teller darauflegen und beides zusammen umdrehen. Die Förmchen entfernen und den Pudding mit Minze dekorieren.

Zubereiten: 25 Minuten
Kühlen: 3 Stunden

> **Exotischer Pudding** Ersetzen Sie die Erdbeeren durch saftige Mangos und geben Sie Kokos- oder Bananenlikör in den Pudding.

Prosecco-Gelee mit Sommerfrüchten

Für 4 Personen
3 Blatt Gelatine
50 g Zucker
200 g Sommerfrüchte,
z. B. Erdbeeren,
Blaubeeren, Himbeeren
350 ml Prosecco Rosé
- 4 Puddingförmchen
(Inhalt 150 ml)

Die Gelatine 5 Minuten in reichlich kaltem Wasser einweichen. Den Zucker mit 75 ml Wasser in einen Topf geben. Aufkochen und umrühren, bis sich der Zucker aufgelöst hat. Den Topf von der Platte nehmen. Die gut ausgedrückte Gelatine unter Rühren im warmen Zuckersirup auflösen. Auf Zimmertemperatur abkühlen lassen.

In der Zwischenzeit die Früchte putzen, große Erdbeeren halbieren. Die Puddingförmchen mit kaltem Wasser ausspülen und abtropfen lassen (nicht abtrocknen!). Die Früchte in die Förmchen verteilen.

Den Prosecco in den abgekühlten Zuckersirup geben. Über die Früchte gießen. Das Gelee mindestens 4 Stunden im Kühlschrank fest werden lassen.

Die Förmchen einige Sekunden in eine Schüssel mit heißem Wasser halten. Einen Teller darauf legen und beides zusammen umdrehen. Die Förmchen entfernen.

Zubereiten: 20 Minuten
Kühlen: 4 Stunden

Vanillesahne Servieren Sie die Gelees mit einem Löffel Vanillesahne: 125 ml Schlagsahne mit 2 Esslöffeln Zucker und dem Mark einer halben Vanilleschote halbsteif aufschlagen.

PROSECCO
Gelee mit Sommerfrüchten

In diesem Gelee gibt es nicht nur leckere Früchte, sondern auch die PRICKELNDEN Prosecco-Bläschen.

Zitronen & Limetten-Sahnepudding

Für 4 Personen
400 ml H-Sahne
6 Esslöffe Zucker
1 Zitrone
2 Limetten

Sahne und Zucker in einem Topf zum Kochen bringen. Die Temperatur zurückschalten und noch 5 Minuten köcheln lassen.

Den Topf von der Platte nehmen. Die Zitrusfrüchte halbieren und über dem Topf auspressen. Halten Sie die Hand unter die Früchte, um eventuell die Kerne aufzufangen. Den Saft in die Sahne rühren und auf Zimmertemperatur abkühlen lassen. Gelegentlich umrühren.

Die Zitrus-Sahne in 4 Kaffeetassen oder Gläser füllen und die Puddingförmchen mindestens 3–4 Stunden – am besten über Nacht – zum Festwerden in den Kühlschrank stellen.

Zubereiten: 20 Minuten
Kühlen: 3–4 Stunden

Tipp Diesen Pudding kann man auch nur mit Zitronen oder nur mit Limetten zubereiten. Sie brauchen dann 2 Zitronen oder 4 Limetten.

ZITRONEN & LIMETTEN
Sahnepudding

Braten & Grillen

Sommertarte mit gegrillten Pfirsichen
Marinierte Ananas mit Ziegenjoghurt
Aprikosen-Joghurtkuchen
Saftige Nektarinen
Karamellisierte Orange mit
Sherry-Mascarpone
Gefüllter Pfirsich
Gebratene Erdbeeren mit
Basilikum-Vanillesauce
Crottin mit gebratenen Pflaumen und
Zitronen-Thymian-Sirup

SOMMERTARTE mit gegrillten Pfirsichen

Marinierte ANANAS mit Ziegenjoghurt

Sommertarte mit gegrillten Pfirsichen

Für 8 Personen
6 Scheiben aufgetauter TK-Blätterteig
1 leicht verquirltes Ei
4 gelbe und/oder weiße Pfirsiche
3–4 Esslöffel Olivenöl
400 ml Crème fraîche
300 ml Schlagsahne
3 Esslöffel Zucker
4 Esslöffel Pfirsichkonfitüre
Extra natives Olivenöl (siehe Tipp), zum Beträufeln
1 Esslöffel frische Minze
- Mit Backpapier belegtes Backblech, Handrührer oder Küchenmaschine

Den Backofen auf 200 °C vorheizen. Die Teigplatten überlappend auf das Blech legen und an den Nahtstellen festdrücken. Den Teig mit einer Gabel regelmäßig einstechen und dünn mit Ei bestreichen. Den Teigboden im vorgeheizten Backofen 15 Minuten goldbraun backen. Auf einem Kuchengitter abkühlen lassen.

In der Zwischenzeit die Pfirsiche halbieren, den Kern entfernen und in Schnitze schneiden. Die Pfirsichschnitze dünn mit Olivenöl bestreichen. Die Grillpfanne erhitzen. Die Pfirsiche in 2 Portionen auf jeder Seite 1–2 Minuten goldbraun grillen. Aus der Pfanne nehmen und auf eine Platte legen.

Crème fraîche und Schlagsahne mit dem Handrührer oder mit der Küchenmaschine nur so fest aufschlagen, dass die Masse auf einem Löffel hält.

Den Tarteboden auf eine Kuchenplatte legen. Vorsichtig mit der Pfirsichkonfitüre bestreichen. Die Sahnemischung mit dem Löffel auftragen. Die gegrillten Pfirsiche darauf verteilen. Die Tarte mit etwas Olivenöl beträufeln und mit Minzblättchen dekorieren.

Zubereiten: 30 Minuten
Backen: 15 Minuten

> **Olivenöl** Ich liebe Olivenöl mit etwas Pfeffer. Der pfeffrige Geschmack gibt dieser Sommertarte Pfiff. Aber verwenden Sie ein Olivenöl ganz nach Ihrem Geschmack, auch mit einem milden Olivenöl schmeckt diese Tarte prima.
>
> **BBQ** Dies ist ein ideales Dessert zum Grillen. Bereiten Sie den Tarteboden und die Sahne vor. Grillen Sie die Pfirsiche (in einer passenden Grillschale) in der verglühenden Glut. Machen Sie die Tarte fertig und servieren Sie ein Glas eiskalten Muskatellerwein dazu.

Marinierte Ananas mit Ziegenjoghurt

Für 6–8 Personen
6 Esslöffel Ingwersirup
+ Ingwersirup zum Servieren
1½ EL Sesamöl
Saft von 1 Limette
1 Ananas
2 Esslöffel weißer und/oder schwarzer Sesam
2 Esslöffel Kokosraspeln
500 ml Ziegenjoghurt
- Grill oder Grillpfanne

Ingwersirup mit Sesamöl und Limettensaft vermischen. Die Ananas durch die Blätterkrone hindurch in Stücke schneiden.

Die Stücke in eine große flache Schale legen. Mit Ingwermarinade begießen und darin wenden. Die Ananasstücke 1 Stunde zugedeckt marinieren lassen. In der Zwischenzeit den Sesam goldbraun anrösten. Die Kokosraspeln zum Sesam geben und in eine kleine Schüssel füllen.

Den Grill anstellen oder die Grillpfanne vorheizen. Die Ananasstücke aus der Marinade nehmen. Auf jeder Seite 4 Minuten grillen, bis sie goldbraun und saftig sind.

Die Ananas auf eine Platte legen. Mit der Sesam-Kokos-Mischung bestreuen. Den Joghurt und noch etwas Ingwersirup in der Flasche dazu servieren.

Zubereiten: 25 Minuten
Marinieren: 1 Stunde

Aprikosen-Joghurt-Kuchen

Für 8 Personen
60 g Butter (Zimmertemperatur)
150 g Mehl
125 g Zucker
1 Eigelb
1 Esslöffel Milch
500 g Aprikosen
125 ml griechischer Joghurt
1 leicht verquirltes Ei
1 Esslöffel Vanillepuddingpulver
3 Esslöffel Rohrzucker
- Handrührer oder Küchenmaschine mit Knethaken, Frischhaltefolie, eingefettete Kuchenform mit 20 cm Durchmesser (möglichst mit Hebeboden), Backpapier, getrocknete Hülsenfrüchte zum Blindbacken (z.B. getrocknete Bohnenkerne), Alufolie

Aus Butter, Mehl, 50 Gramm Zucker, Eigelb und Milch mit dem Handrührer oder in der Küchenmaschine einen glatten Knetteig herstellen. Den Teig in Frischhaltefolie wickeln und mindestens 30 Minuten im Kühlschrank ruhen lassen. Die Aprikosen halbieren, den Kern entfernen und dann die Aprikosen nochmals durchschneiden.

Den Backofen auf 180 °C vorheizen. Den Teig zu einer Scheibe mit 26 bis 28 cm Durchmesser ausrollen. Die Backform damit auslegen. Ein großes Stück Backpapier auf den Teig legen und die Blindbackfüllung daraufgeben. Den Teigboden im vorgeheizten Backofen 15 Minuten blindbacken. Backpapier und Blindbackfüllung entfernen und den Teig noch 5 Minuten hellbraun backen.

Den Joghurt mit Ei, Puddingpulver und den restlichen 75 Gramm Zucker verrühren. Diese Mischung auf den Teigboden geben und mit den Aprikosenvierteln belegen. Mit der Hälfte des Rohrzuckers bestreuen.

Den Kuchen im vorgeheizten Backofen etwa 35 Minuten backen. Den Teigrand mit Alufolie abdecken, falls er zu dunkel wird.

Den Kuchen aus dem Backofen nehmen und den Backofengrill anstellen. Die Aprikosen mit dem restlichen Rohrzucker bestreuen. Den Kuchen unter den heißen Grill stellen und den Zucker karamellisieren lassen.

Zubereiten: 35 Minuten
Ruhezeit: 30 Minuten
Backen: 55 Minuten

Kräuter-Touch Meist backe ich diesen Kuchen im Sommer. Dann gehe ich schnell in den Garten und hole mir eine Handvoll Thymian oder Rosmarin. Ich knete gerne 1–2 Esslöffel frische gehackte Kräuter in den Teig. So bekommt der Kuchen einen zusätzlichen sommerlichen Touch.

Durch GRILLEN oder BRATEN wird der saftige, reife Fruchtgeschmack noch verstärkt. Ich finde auch, dass so ein kleiner verkohlter Rand die Früchte besonders charmant macht.

AprikosenJOGHURTkuchen

Saftige NEKTARINEN

Karamellisierte ORANGE
mit Sherry-Mascarpone

Eigentlich gilt für alle Früchte, dass sie in der Saison am besten schmecken und am saftigsten sind. Verwenden Sie für dieses Desserts reife Nektarinen. Ihr frischer Saft läuft schnell aus und verschmilzt im Papierpäckchen aufs Köstlichste mit dem Zucker.

Die klassischen gefüllten Pfirsiche aus Italien, 'Pesche ripiene', sollen in diesem Buch nicht fehlen. Ich mache dieses Dessert meistens, wenn zwei sonnengelbe Pfirsiche fast aus der Obstschale hüpfen...

GEFÜLLTER PFIRSICH

Saftige Nektarinen

Für 4 Personen
4 Nektarinen
4 Esslöffel Rohrzucker
4 Zweige Rosmarin
- Pergamentpapier, Küchengarn, Backblech

Den Backofen auf 200 °C vorheizen. Die Nektarinen halbieren. Den Kern entfernen. Den Zucker in die Mulde füllen. Die Rosmarinzweige in kleine Stücke schneiden und auf die Nektarinenhälften legen.

Die Nektarinenhälften wieder zusammensetzen und auf ein Stück Pergamentpapier legen. Die vier Ecken des Papier hochnehmen und mit Küchengarn fest zusammenbinden.

Die Päckchen auf das Backblech legen und im vorgeheizten Backofen backen. Bei Tisch öffnet jeder sein Nektarinenpäckchen selbst.

Zubereiten: 15 Minuten
Backen: 20 Minuten

Tipp Mit einer Kugel Vanille-Eis, 1 Löffel Crème fraîche oder 1 Löffel türkischem Joghurt servieren.

Karamellisierte Orange mit Sherry-Mascarpone

Für 4 Personen
1 Esslöffel Pinienkerne
2 süße Orangen
8 Esslöffel Sherry Medium
3 Esslöffel Zucker
250 g Mascarpone
Frisch geriebene Muskatnuss

Den Backofen-Grill vorheizen. Die Orangen halbieren. Die Pinienkerne in einer trockenen Pfanne rösten und auf einen Teller schütten. Aus den Orangenhälften vorsichtig etwas Saft pressen, um Platz zu schaffen für den Sherry. Die Orangenhälften mit der Schnittfläche nach oben in eine Auflaufform legen und mit 4 Esslöffeln Sherry beträufeln.

Die Orangenhälften mit einer dicken Schicht Zucker bestreuen. Die Auflaufform unter den heißen Grill stellen und die Orangen 5–10 Minuten karamellisieren lassen. Bleiben Sie beim Backofen stehen, das Karamellisieren kann sehr schnell gehen!

Den Mascarpone mit dem restlichen Sherry glatt rühren. Die Mascarponecreme auf 4 Teller verteilen und jeweils 1 Orangenhälfte daraufsetzen. Mit den Pinienkernen und etwas Muskatnuss bestreuen.

Lassen Sie bei Tisch jeden selbst den karamellisierten Orangensaft über die Mascarponecreme gießen.

Zubereiten: 15–20 Minuten

Zum Variieren Machen Sie dieses Dessert doch auch mal mit Blutorangen.

Gefüllter Pfirsich

Für 2 Personen
2 reife Pfirsiche
3 Esslöffel Mandellikör
25 g Amaretti
1 Eigelb
2 Esslöffel Zucker
- Auflaufform

Den Backofen auf 200 °C vorheizen. Die Pfirsiche halbieren und die Kerne entfernen. Mit der Schnittfläche nach oben in die Auflaufform legen. 2 Esslöffel Likör in die Pfirsiche träufeln.

Die Amaretti zerbröseln. Die Kekskrümel mit dem letzten Esslöffel Likör, Eigelb und Zucker vermischen. Die Keksmischung auf die Pfirsiche geben.

Die Pfirsiche im vorgewärmten Backofen 20–25 Minuten backen, bis sie saftig sind und die Keksmischung knusprig ist.

Zubereiten: 15 Minuten
Backen: 20–25 Minuten

GEBRATENE ERDBEEREN
mit Basilikum-Vanillesauce

Gebratene Erdbeeren mit Basilikum-Vanillesauce

Für 4 Personen
1 Vanilleschote
200 ml Schlagsahne
250 ml Vollmilch
2 Eigelb
75 g Zucker
2 Esslöffel fein gehacktes Basilikum
250 g Erdbeeren
2–3 Esslöffel Erdbeerlikör
1 gehäufter Esslöffel Puderzucker
4 Kugeln Sahneeis
- Auflaufform

Die Vanilleschote der Länge nach aufschlitzen. Das Vanillemark mit einer Messerspitze auskratzen. Vanilleschote und –mark mit Schlagsahne und Milch in einem Topf erhitzen. Vorsichtig erwärmen und dabei umrühren, bis die Sahnemischung fast kocht. Die Platte ausschalten, einen Deckel auf den Topf legen und 15 Minuten ziehen lassen.

In der Zwischenzeit das Eigelb mit dem Zucker mit einem Schneebesen zu einer hellgelben Creme schlagen. Die Vanilleschote aus dem Topf nehmen und die Vanillesahne unter ständigem Rühren in einem dünnen Strahl zur Eimischung geben. Alles zurück in den Topf schütten und auf sehr kleiner Hitze eindicken lassen, dabei ständig mit einem Holzlöffel umrühren. Das kann ungefähr 10 Minuten dauern. Die Sauce ist fertig, wenn eine dicke Saucenschicht an der Rückseite des Holzlöffels haften bleibt. Die Vanillesauce von der Platte nehmen und auf Zimmertemperatur abkühlen lassen. Dabei regelmäßig umrühren! Das Basilikum unterrühren.

Den Backofen auf 200 °C vorheizen. Die Erdbeeren putzen und der Länge nach durchschneiden. Mit der Schnittfläche nach oben in die Auflaufform legen. Mit Erdbeerlikör beträufeln und mit Puderzucker bestreuen. Die Erdbeeren im vorgeheizten Backofen 8–10 Minuten braten, je nach Größe.

Die Erdbeeren in ihrem köstlichem Saft lauwarm oder mit Zimmertemperatur mit der Basilikum-Vanillesauce servieren. Eine Kugel Sahneeis dazugeben.

Zubereiten: 30 Minuten + Abkühlen
Backen: 10 Minuten

Tipp Für die klassische Vanillesauce lassen Sie das Basilikum einfach weg. Die Vanillesauce schmeckt auch warm sehr gut. Es ist etwas Vanillesauce übrig? Bewahren Sie sie zugedeckt im Kühlschrank auf. Sie schmeckt auch lecker zu Eis oder zu Obstkuchen.

Crottin mit gebratenen Pflaumen und Zitronen-Thymian-Sirup

Für 4 Personen
1 Zitrone
175 g Zucker
5 Zweige Zitronenthymian
500 g Pflaumen
4 Ziegenkäse, z.B. Crottin de Chavignol (siehe Tipp)
- Backblech, Zestenreißer

Die Zitronen abwaschen und trocknen. Mit einem Zestenreißer dünne Streifen der gelben Zitronenschale abreißen. Die Zitronen halbieren und auspressen. Den Saft mit den Schalenstreifen, 150 Gramm Zucker, Zitronenthymian und 100 ml Wasser aufkochen. Umrühren, bis sich der Zucker aufgelöst hat, dann den Sirup auf kleiner Hitze ziehen lassen. Den Zitronen-Thymian-Sirup in eine saubere Flasche füllen und auf Zimmertemperatur abkühlen lassen.

Den Backofen auf 220 °C vorheizen. Die Pflaumen halbieren, den Stein entfernen und die Pflaumen in Viertel schneiden. Einzeln auf das Backblech legen und mit den restlichen 25 Gramm Zucker bestreuen. Die Pflaumen im vorgeheizten Backofen 25 Minuten braten, bis sie saftig sind.

Die Ziegenkäse waagerecht halbieren und die letzten 6–8 Minuten mit der Kruste nach oben zu den Pflaumen auf das Blech legen.

Die Pflaumen auf 4 Teller verteilen, den geschmolzenen Käse ebenfalls auf die Teller legen und mit Zitronen-Thymian-Sirup beträufeln.

Zubereiten: 20 Minuten + Abkühlen
Backen: 25 Minuten

> **Crottin** Der französische Ziegenkäse Crottin de Chavignol ist in meinem Land der bekannteste unter den Crottin-Käsen und auch der, den man am einfachsten kaufen kann. Auf den Wochenmärkten in Aubel oder Visé, in Belgien, kaufe ich meinen Lieblings-Crottin, den 'Belgischen Crottin'. Der ist cremig und etwas zarter im Geschmack.

Crottin mit
GEBRATENEN PFLAUMEN
und Zitronen-Thymian-Sirup

Parfait & Halbgefrorenes

Vanilleparfait
Ricotta-Mineola-Halbgefrorenes
Erdbeerbombe
Schnelles Meringenparfait
Haselnuss-Eistorte
Eistörtchen mit dreierlei Schokolade

Ricotta
MINEOLA
Halbgefrorenes

Vanilleparfait

Für 8 Personen
1 Vanilleschote
2 Eier
2 Eigelb
100 g Zucker
300 ml Schlagsahne
- Kastenform (Inhalt
1 Liter), Backpapier,
Handrührer

Die Kastenform mit Backpapier auslegen. Das Papier gut in die Ecken legen. Die Vanilleschote der Länge nach aufschlitzen und das Mark mit einer Messerspitze auskratzen.

Eier, Eigelb, Zucker und Vanilleschote in eine hitzebeständige Schüssel geben. Die Schüssel über einen Topf mit heißem Wasser stellen. Darauf achten, dass die Schüssel das Wasser nicht berührt (Wasserbad). Die Eimischung 5–10 Minuten rühren, bis sie cremig und hellgelb ist. Die Schüssel vom Topf nehmen und noch 2 Minuten rühren.

Die Schlagsahne nicht ganz steif schlagen und locker unter die Eicreme heben. Diese Masse in die Kastenform füllen und im Gefrierschrank etwa 4 Stunden gefrieren lassen.

Das Parfait 10–15 Minuten vom dem Servieren aus dem Gefrierschrank nehmen. Mit einem Eislöffel zu Kugeln formen oder auf eine Platte legen. Ein Messer in heißes Wasser tauchen und das Parfait damit in Scheiben schneiden.

Zubereiten: 20 Minuten
Gefrieren: 4 Stunden

Ricotta-Mineola-Halbgefrorenes

Für 4 Personen
2 Mineolas
200 g Zucker
1 Ei
1 Eigelb
200 ml Schlagsahne
250 g Ricotta
- Handrührer, 4 Förmchen
(Inhalt 150 ml)

Die Mineolas unter fließendem Wasser abwaschen und trocknen. Die orangefarbene Haut einer Mineola mit dem Sparschäler abschälen und in dünne Streifen schneiden. Die Schalenstreifen in einem Topf mit reichlich Wasser 10–15 Minuten kochen, bis sie weich sind.

Die Streifen abgießen. In der Zwischenzeit die Schale der anderen Mineola abreiben. Beide Früchte auspressen und 100 ml Saft abmessen. Den Saft mit 100 Gramm Zucker und den Schalenstreifen aufkochen. Den Zucker leicht köchelnd auflösen und den Sirup 8–10 Minuten einkochen lassen. In eine saubere Flasche füllen und abkühlen lassen.

Eier, Eigelb und Zucker in eine hitzebeständige Schüssel geben. Die Schüssel über einen Topf mit heißem Wasser stellen. Darauf achten, dass die Schüssel das Wasser nicht berührt (Wasserbad). Die Eimischung 5–10 Minuten rühren, bis sie cremig und hellgelb ist. Die Schüssel vom Topf nehmen und noch 2 Minuten weiterrühren.

Die Schlagsahne nicht ganz steif schlagen. Ricotta, Mineolaschalen und die geschlagene Sahne nacheinander locker unter die Eicreme ziehen. Diese Masse in die Förmchen füllen und im Gefrierschrank etwa 2 Stunden gefrieren lassen.

Die Förmchen mit dem Halbgefrorenen 10 Minuten vor dem Servieren aus dem Gefrierschrank holen. Aus den Förmchen stürzen und mit Mineolasirup beträufeln. Den restlichen Mineolasirup dazu servieren.

Zubereiten: 25 Minuten
Kühlen: 2 Stunden

Frieren Sie das Halbgefrorene in den leeren Ricottabechern ein. So bekommt es die typische Ricottaform. Sie brauchen vier Stück, diese Becher sind etwas größer als das fertige Dessert.

Mineola Diese Zitrusfrucht ist eine Kreuzung aus Mandarine und Grapefruit. Sie hat einen frischen, leicht süßen Zitrusgeschmack.

Erdbeeren-Minzcoulis

150 Gramm saftige Erdbeeren und 2 Esslöffel Basilikumblättchen mit dem Pürierstab pürieren. Das Püree durch ein feines Sieb streichen und mit 2-3 Esslöffeln Puderzucker und einem Spritzer Zitronensaft abschmecken. Schmeckt auch lecker zu Armen Rittern oder mit Eis.

Erdbeer
BOMBE

Mit diesem Rezept als Grundlage können Sie auch andere Fruchteissorten machen, wenn die Erdbeerzeit vorbei ist. Das geht gut mit Himbeeren und Brombeeren, aber natürlich auch mit Püree von Ananas, Aprikosen oder Mango. Nehmen Sie reife, saftige Früchte, die schmecken am besten.

Erdbeerbombe

Für 6 Personen

500 g süße, reife Erdbeeren
1 Esslöffel Zitronensaft
2 Esslöffel Erdbeerlikör
1 Ei
1 Eigelb
50 g Zucker
150 ml Schlagsahne
- Pürierstab, Handrührer, runde Schüssel (Inhalt 750 ml), Frischhaltefolie

Die Erdbeeren putzen und halbieren. 200 Gramm Erdbeeren mit Zitronensaft pürieren. Den Erdbeerlikör zugeben.

Ei, Eigelb und Zucker in eine hitzebeständige Schüssel geben. Die Schüssel über einen Topf mit heißem Wasser stellen. Darauf achten, dass die Schüssel das Wasser nicht berührt (Wasserbad). Die Eimischung 5–10 Minuten rühren, bis sie cremig und hellgelb ist. Die Schüssel vom Topf nehmen und noch 2 Minuten rühren.

Die Schlagsahne nicht ganz steif schlagen. Das Erdbeerpüree unter die Eimasse rühren, die geschlagene Sahne locker unterheben.

Die Schüssel mit Frischhaltefolie auslegen, die Folie über den Schüsselrand hängen lassen. Die Eismasse in die Schüssel füllen und die überhängende Folie überschlagen. Im Gefrierschrank etwa 4 Stunden gefrieren lassen.

Die Eisbombe aus dem Gefrierschrank nehmen. Die Frischhaltefolie an der Oberfläche ablösen und die Eisbombe auf eine Platte stürzen. Die restliche Frischhaltefolie abziehen und die Eisbombe 5–10 Minuten stehen lassen, bis sie gerade anfängt zu schmelzen und wunderbar weich und sahnig schmeckt. Die restlichen Erdbeeren darauf verteilen, ein Messer in heißes Wasser tauchen und die Eisbombe damit in schöne Stücke schneiden. Erdbeer-Minzcoulis schmeckt hervorragend dazu.

Zubereiten: 25 Minuten
Gefrieren: 4 Stunden

Schnelles Meringenparfait

Für 6 Personen
300 ml Schlagsahne
75 g Zucker
200 ml Vollmilchjoghurt
125 g kleine Meringen
(oder 1 große Meringe),
grob zerbröckelt
3 Teelöffel gemahlener
Zimt
- Backpapier

Die Schlagsahne mit dem Zucker steif schlagen. Joghurt, 100 Gramm zerbröckelte Meringe und die Hälfte des Zimts unterrühren.

Ein Blatt Backpapier auf eine gefriergeeignete Platte legen. 6 Häufchen Sahne-Joghurt-Mischung auf das Backpapier setzen. Die restliche Meringe darauf zerbröckeln. Die Parfaits im Gefrierschrank etwa 2 Stunden gefrieren lassen.

Die Parfaits 5 Minuten vor dem Servieren aus dem Gefrierschrank nehmen. Auf 6 Teller oder auf eine große Platte legen und mit dem restlichen Zimt mithilfe eines Teesiebs bestreuen.

Zubereiten: 10 Minuten
Gefrieren: 2 Stunden

Eis machen geht auch ohne Eismaschine sehr einfach und schmeckt mindestens genau so lecker. Die Franzosen nennen Halbgefrorenes PARFAIT, die Italiener SEMIFREDDO. Im Niederländischen heißt es STILSTAAND IJS, da es nicht gerührt wird. Sie können die Grundmasse für Halbgefrorenes unendlich variieren, zum Beispiel mit Früchten, Keksbröseln, Nüssen, Schokolade und vielem mehr, das sie unter die noch nicht gefrorene Masse rühren.

Schnelles MERINGENparfait

HASELNUSS
Eistorte

Haselnuss-Eistorte

Für 10 Personen
6 dünne Scheiben Roombotercake
150 g Haselnüsse
2 Eier
2 Eigelb
150 g Rohrzucker + extra Rohrzucker
500 ml Schlagsahne
4 Esslöffel Haselnusslikör
Gemahlener Zimt
- Springform mit 20 cm Durchmesser, Backpapier, Handrührer

Den Boden der Springform großzügig mit Backpapier auslegen. Den Rand aufsetzen und die Form schließen. Auch den inneren Rand der Backform mit einem Streifen Backpapier belegen. Den Boden der Form mit Kuchenscheiben belegen. Die Scheiben so zurechtschneiden, dass der Boden ganz bedeckt ist. Die Haselnüsse grob hacken und in einer Pfanne ohne Zugabe von Fett goldbraun rösten.

Ei, Eigelb und Zucker in eine hitzebeständige Schüssel geben. Die Schüssel über einen Topf mit heißem Wasser stellen. Darauf achten, dass die Schüssel das Wasser nicht berührt (Wasserbad). Die Eimischung 5–10 Minuten mit dem Handrührer rühren, bis sie cremig und hellgelb ist. Die Schüssel vom Topf nehmen und noch 2 Minuten rühren.

Die Schlagsahne nicht ganz steif schlagen. Geschlagene Sahne, Likör und etwa 125 Gramm Haselnüsse locker unter die Eicreme heben. Diese Masse auf den Kuchenboden in die Form schütten. Die Eistorte im Gefrierschrank etwa 4 Stunden gefrieren lassen.

Die Eistorte 15 Minuten vor dem Servieren aus dem Gefrierschrank nehmen. Aus der Form lösen, das Backpapier entfernen und auf eine Kuchenplatte setzen. Mit den restlichen gerösteten Haselnüssen bestreuen.

Zubereiten: 40 Minuten
Gefrieren: 4 Stunden

Eistörtchen mit dreierlei Schokolade

Für 6 Personen
225 g dunkle Schokolade in Stücken (Kakaogehalt mind. 70%)
2 Eier
2 Eigelb
100 g Zucker
300 ml Schlagsahne
50 g fein gehackte weiße Schokolade
50 g fein gehackte Milchschokolade
- Handrührer, 6 Backringe mit 7 cm Durchmesser, Backpapier

150 Gramm dunkle Schokolade in einer hitzebeständigen Schüssel über einem Topf mit heißem Wasser schmelzen. Darauf achten, dass die Schüssel das Wasser nicht berührt (Wasserbad). Die Schokolade auf Zimmertemperatur abkühlen lassen, sie muss aber flüssig bleiben. Eier, Eigelb und Zucker in eine hitzebeständige Schüssel geben und im Wasserbad 5–10 Minuten rühren, bis sie cremig und hellgelb ist. Die Schüssel vom Topf nehmen und noch 2 Minuten rühren.

Die Schlagsahne nicht ganz steif schlagen. Die geschmolzene Schokolade, die geschlagene Sahne und die fein gehackte Schokolade (beide Sorten) nacheinander unter die Eimasse rühren. 2 Esslöffel der fein gehackten Schokolade beiseitestellen.

Die Backringe auf eine flache, gefriergeeignete, mit Backpapier belegte Platte stellen. Auch die Innenseite der Backringe mit einem Streifen Backpapier auslegen. Die Eismasse in die Backringe füllen. Mit der restlichen Schokolade bestreuen und etwa 2 Stunden in den Gefrierschrank stellen. Zum Dekorieren die Schokolade mit einer Gabel auf die Eistörtchen auftragen.

Zubereiten: 30 Minuten
Gefrieren: 2 Stunden

Knusprig Einen Teil der fein gehackten Schokolade ersetze ich manchmal durch 2 oder 3 zerkrümelte Schokoloadencookies, dann werden die Eistörtchen extra knusprig.

Eistörtchen mit
DREIERLEI SCHOKOLADE

Crumble & Streusel

Apfel-Zimt-Crumble
Waldbeerencrumble mit Rosmarin
Streuselkuchen mit frischen Himbeeren
Gebratene Pflaumen mit Kokoscrumble

ApfelZIMT Crumble

WALDBEERENcrumble
mit Rosmarin

Streuselkuchen mit frischen HIMBEEREN

Apfel-Zimt-Crumble

Für 4 Personen
500 g Äpfel
125 g Zucker
2 Teelöffel gemahlener Zimt
50 g Butterflöckchen
75 g gesiebtes Mehl
- Eingefettete Auflaufform (Inhalt 750 ml)

Den Backofen auf 200 °C vorheizen. Die Äpfel vierteln, das Kerngehäuse entfernen und die Äpfel schälen. Anschließend in Würfel schneiden. Mit 50 Gramm Zucker und Zimt in die Auflaufform geben.

Aus den restlichen 75 Gramm Zucker, Butterflöckchen, Mehl und 1 Prise Salz von Hand einen krümeligen Teig machen. Über den Apfelwürfeln zerkrümeln.

Den Crumble im vorgeheizten Backofen 25–30 Minuten goldbraun backen. Dazu schmeckt 1 Kugel Vanilleeis oder 1 Esslöffel ungesüßte geschlagene Sahne köstlich.

Zubereiten: 20 Minuten
Backen: 25–30 Minuten

Knusprige Streusel Lassen Sie den Crumble nach dem Backen 10 Minuten abkühlen. Die Streusel werden dann knusprig und die Apfelwürfel bleiben unter dem leckeren Teig warm. Wenn Sie einen besonders knusprigen Crumble wollen, dann lassen Sie ihn vollständig abkühlen und servieren ihn mit Zimmertemperatur.

Welche Apfelsorte? Für diesen Crumble können Sie sowohl Tafel- als auch Kochäpfel verwenden. Kochäpfel, wie zum Beispiel Elstar oder Jonagold, entfalten ihr volles Aroma erst beim Erhitzen, meist sind sie auch etwas säuerlich. Tafeläpfel, zum Beispiel Golden Delicious und Boskoop, sind eher zum roh Essen geeignet und zerfallen beim Kochen leichter. Meist verwende ich eine Kombination der Äpfel.

Apfel-Rhabarber-Crumble Rhabarber passt perfekt zu Apfel. Ersetzen Sie die Hälfte der Äpfel in diesem Rezept einmal durch Rhabarberstücke und probieren Sie diesen Crumble!

Ohne Rührgerät! Vergessen Sie Handrührer oder Küchenmaschine, von Hand bereiten Sie die leckersten Streusel zu. Geben Sie 1–2 Esslöffel Milch in den Teil, wenn Sie finden, dass er nicht genügend zusammenhält.

Dieses Crumble-Grundrezept können Sie endlos variieren. Ersetzen Sie Äpfel und Zimt durch Waldbeeren, Pfirsiche, Pflaumen oder andere saftige Früchte.

Waldbeerencrumble mit Rosmarin

Für 4 Personen
350 g Beeren, z. B. Himbeeren, Brombeeren, rote Johannisbeeren und Blaubeeren (frisch oder TK)
100 g Zucker
50 g Butterflöckchen
75 g Vollkornmehl (Dinkel oder Weizen)
1 Zweig Rosmarin, nur die feingehackten Nadeln
- 4 eingefettete Auflaufförmchen (Inhalt 150 ml)

Den Backofen auf 200 °C vorheizen. Die Früchte mit 25 Gramm Zucker bestreuen und in die Förmchen füllen.

Aus den restlichen 75 Gramm Zucker, Butterflöckchen, Mehl und 1 Prise Salz von Hand einen krümeligen Teig machen. Über den Früchten zerkrümeln.

Den Crumble im vorgeheizten Backofen 25–30 Minuten goldbraun backen.

Zubereiten: 15 Minuten
Backen: 25–30 Minuten

Streuselkuchen mit frischen Himbeeren

Für 4 Personen
250 g Zucker
200 g Butterflöckchen
300 g gesiebtes Mehl
1 Zitrone
300 g Himbeeren
Puderzucker
- 4 eingefettete Kuchenformen oder Tarteförmchen mit 14 cm Durchmesser

Den Backofen auf 200 °C vorheizen. Aus 200 Gramm Zucker, Butterflöckchen, Mehl und 1 Messerspitze Salz von Hand einen krümeligen Teig kneten.

Die Zitrone abwaschen, die gelbe Schale abreiben. Den Zitronenabrieb unter die Teigkrümel kneten.

Zwei Drittel des Teigs auf den Boden und an den Rand der Förmchen drücken. Die Himbeeren auf den Teigboden legen und mit dem restlichen Zucker bestreuen. Den restlichen Teig grob auf den Himbeeren zerkrümeln.

Die Streuselkuchen 25–30 Minuten im vorgeheizten Backofen goldbraun backen. In den Förmchen abkühlen lassen. Die Kuchen aus den Förmchen lösen und dick mit Puderzucker bestreuen.

Zubereiten: 25 Minuten + Abkühlen
Backen: 25–30 Minuten

Tipp Eine Extraportion Streuselteig ist auch sehr praktisch zum Einfrieren. Daraus lässt sich dann später ganz schnell und einfach ein Crumble zubereiten. Den Teig langsam im Kühlschrank auftauen lassen. Sollte der Teig kleben, dann fügen Sie etwas Mehl zu.

Warme Kuchen Wollen Sie die Kuchen lieber warm servieren? Bewahren Sie die ungebackenen Kuchen bis zum Abendessen in Frischhaltefolie eingewickelt im Kühlschrank auf. Backen Sie sie, während der Hauptgang gegessen wird. Nehmen Sie sie aus dem Backofen und lassen Sie sie 10–15 Minuten abkühlen. Dann lassen sie sich ganz einfach aus der Form lösen.

Gebratene
PFLAUMEN
mit Kokoscrumble

Gebratene Pflaumen mit Kokoscrumble

Für 4 Personen
500 g saftige Pflaumen
100 g Zucker
50 g Butterflöckchen
75 g gesiebtes Mehl
3 Esslöffel Kokosraspeln
- Eingefettete Auflaufform
(Inhalt 750 ml)

Den Backofen auf 200 °C vorheizen. Die Pflaumen halbieren, die Steine entfernen und in Viertel schneiden. Die Pflaumen in die Auflaufform legen und mit 25 Gramm Zucker bestreuen. 20 Minuten im vorgeheizten Backofen braten.

In der Zwischenzeit aus 75 Gramm Zucker, Butterflöckchen, Mehl und 1 Messerspitze Salz von Hand einen krümeligen Teig kneten. Die Kokosraspel unter den Teig kneten. Die Kokosstreusel über die Pflaumen streuen.

Den Crumble im vorgeheizten Backofen weitere 25–30 Minuten goldbraun backen.

Zubereiten: 20 Minuten
Backen: 45–50 Minuten

Gebratene Früchte Durch das Braten werden die Pflaumen besonders süß und saftig. Anstelle von Pflaumen können Sie Pfirsiche, Nektarinen oder Aprikosen verwenden. Auch eine Kombination aus all diesen Früchten schmeckt sehr gut.

Tipp Nicht alle mögen Kokosnuss. Lassen Sie sie einfach weg oder verwenden Sie stattdessen 1 Esslöffel frische Thymianblättchen oder 2 Esslöffel gehackte Walnüsse.

Tiefgefrieren Sie haben Teigstreusel übrig? Packen Sie sie in einen Gefrierbeutel und legen Sie sie in den Gefrierschrank. Ich mache oft ein paar Extraportionen. Sie können die Streusel im Kühlschrank auftauen lassen oder gefroren auf die Früchte legen. Dann verlängert sich die Backzeit um ein paar Minuten.

Glutenfrei Sie können die Streusel auch aus glutenfreiem Mehl (z. B. Reismehl) herstellen. Das ist sehr hilfreich, wenn Sie einen Gast mit Glutenallergie haben! Mit dem Handrührer 75 Gramm Reismehl (Natur oder mit Vanillegeschmack) mit 50 Gramm Zucker, 50 Gramm weicher Butter, 2–3 Esslöffeln Milch und 1 Messerspitze Salz zu einem glatten Teig verkneten. Zerkrümeln Sie diesen Teig grob über den Früchten ihrer Wahl und backen Sie den Crumble im 200 °C heißen Backofen 25 Minuten goldbraun und knusprig. Sie haben Teig übrig? Gefrieren Sie ihn ein oder geben Sie ihn Ihrem Gast mit nach Hause.

Windbeutel

Grundrezept Windbeutel
Mokka-Éclairs
Croquembouche für zwei
Profiteroles
Paris-Brest mit Erdbeeren

Ich liebe klassische Rezepte. Vor allem das Gebäck aus der traditionellen französischen Küche finde ich sehr spannend. BRANDTEIG, aus dem Windbeutel oder Éclairs hergestellt werden, ist ein gutes Beispiel.

Er besteht aus ganz einfachen Zutaten: 2 Teile Wasser und/oder Milch, 1 Teil Butter, 1 Teil Mehl und 2 Teile Ei. Wasser macht die Windbeutel knusprig, Milch gibt ihnen einen schönen Glanz und macht sie zart.

Mokka
ÉCLAIRS

Grundrezept Windbeutel

Ergibt circa 30 Stück
150 ml Wasser und/oder Milch
75 g Butter
75 g gesiebtes Mehl
3 Eier
- Mit Backpapier belegtes Backblech

Den Backofen auf 200 °C vorheizen. In einem Topf mit dickem Boden Wasser und/oder Milch zum Kochen bringen. Umrühren, bis die Butter geschmolzen ist. Den Topf von der Platte nehmen und das Mehl auf einmal in den Topf schütten. Mit einem Holzlöffel umrühren, bis sich der Teig vom Topfrand löst.

Den Topf wieder auf die Platte stellen und auf kleiner Hitze erhitzen und rühren, bis er zu glänzen beginnt. Wieder von der Platte nehmen und 3–4 Minuten abkühlen lassen.

Die Eier einzeln unterrühren. Das nächste Ei erst zugeben, wenn das vorige vollständig in den Teig eingearbeitet ist.

Mit einem Spritzbeutel oder mit 2 Teelöffeln kleine Häufchen mit 2 cm Durchmesser auf das Backblech setzen. Ausreichend Abstand lassen, die Windbeutel gehen beim Backen stark auf.

Die Windbeutel im vorgeheizten Backofen etwa 15 Minuten goldbraun backen. Während des Backens den Backofen nicht öffnen, sonst fallen sie zusammen. Die Windbeutel im ausgeschalteten Backofen 15 Minuten abkühlen lassen. Aus dem Backofen nehmen und auf einem Gitter noch weiter abkühlen lassen.

Zubereiten: 20 Minuten
Backen: 15 Minuten + Abkühlen

> **Aufbewahren** Windbeutel können Sie sehr gut schon am Vortag zubereiten und in einer luftdicht verschlossenen Dose im Kühlschrank aufbewahren. Im Gefrierschrank halten sie sich länger. Ich liebe knusprige Windbeutel und backe sie meist genau an dem Tag, an dem wir sie essen wollen. Während des Aufbewahrens werden sie nämlich etwas weicher.

Mokka-Éclairs

Ergibt circa 10 Stück

1 Grundrezept Windbeutel
750 ml Vollmilch
100 g Zucker
3 Eigelb
3 Esslöffel gesiebtes Mehl
5 Esslöffel löslicher Kaffee
275 ml Schlagsahne
200 g zerkleinerte Milchschokolade
- Spritzbeutel mit glatter Tülle mit 1–1½ cm Durchmesser, mit Backpapier belegtes Backblech

Den Backofen auf 200 °C vorheizen. Den Brandteig in den Spritzbeutel füllen. 12 cm lange und 1½ cm breite Streifen auf das Blech spritzen. Die Teigstreifen im vorgeheizten Backofen etwa 15 Minuten goldbraun backen. Während des Backens den Backofen nicht öffnen! Das Gebäck 15 Minuten im ausgeschalteten Backofen abkühlen lassen. Dann auf ein Kuchengitter legen und weiter abkühlen lassen.

Milch mit 50 Gramm Zucker aufkochen. Die Eigelb mit dem restlichen Zucker verrühren. Das Mehl unterheben. 3 Esslöffel löslichen Kaffee in der warmen Milch auflösen. Etwas warme Milch in die Eigelbmischung geben. Alles zusammen zurück in den Topf schütten und aufkochen. Dabei ständig umrühren. Die Creme 4–5 Minuten erhitzen, bis sie dicklich wird. Den Topf von der Platte nehmen. Die Mokkacreme in eine saubere Schüssel gießen und in einem Behälter mit eiskaltem Wasser abkühlen lassen. Dabei regelmäßig umrühren.

200 ml Schlagsahne steif schlagen, unter die Mokkacreme heben und in einen Spritzbeutel füllen. Die Spritztülle in jedes Éclair stecken und es mit Mokkacreme füllen.

Die restlichen 75 ml Schlagsahne mit dem restlichen löslichen Kaffee aufkochen. Die Schokolade zugeben und auf kleiner Hitze schmelzen lassen. Die Éclairs mit der Glasur bestreichen und fest werden lassen.

Zubereiten: 45 Minuten
Backen: 15 Minuten + Abkühlen

Croquembouche für zwei

Für 2 Personen

Aus der Teigmenge von einem Brandteig-Grundrezept ungefähr 60 kleine Windbeutel mit etwa 1 cm Durchmesser auf ein mit Backpapier belegtes Blech spritzen. Im vorgeheizten Backofen 10 Minuten goldbraun backen. Abkühlen lassen. Für ein Dessert für 2 Personen brauchen Sie ungefähr 12 Windbeutelchen. Mit geschlagener Sahne, Mokkacreme (siehe Mokka-Éclairs Seite 197) oder mit einer anderen Füllung, die Sie gerne mögen, füllen. Stapeln Sie die kleinen Windbeutel zu einer schönen Pyramide aufeinander und begießen Sie sie mit Karamellsauce (siehe Seite 30).

Tipp Die restlichen Windbeutel einfrieren. Aber nicht länger als 3 Monate im Gefrierschrank aufbewahren.

ES KRACHT IM MUND... so sollte eine Croquembouche sein, schön knackig. Diese festliche Pyramide aus kleinen Brandteigbällchen wird mit knusprigem Karamell übergossen, der sie auch zusammenhält. Ich finde sie mit einer leicht klebrigen Karamellsauce am besten.

Profiteroles

Für 8 Personen

Größere Windbeutel sind ideal für ein Eisdessert. Aus jeweils 2 Esslöffeln Brandteig (siehe Grundrezept Seite 196) 8 Kugeln auf ein mit Backpapier belegtes Blech setzen. Diese Windbeutel 25 Minuten goldbraun backen. Während des Backens den Backofen nicht öffnen! Die Windbeutel 15 Minuten im ausgeschalteten Backofen abkühlen lassen, dann auf einem Kuchengitter vollständig abkühlen lassen. Die Kugeln mit einem gehäuften Esslöffel Eis ganz nach Ihrem Geschmack füllen.

Zubereiten: 15 Minuten
Backen: 25 Minuten + Abkühlen

Heiße Schokoladensauce 125 ml Schlagsahne in einem Topf aufkochen. 100 Gramm in Stücke gebrochene Schokolade zugeben. Auf kleiner Hitze schmelzen lassen und glatt rühren.

Paris-Brest mit Erdbeeren

Für 8 Personen
100 g Butter
100 g gesiebtes Mehl
4 Eier
2 Esslöffel Mandelblättchen
500 ml Crème fraîche
200 ml Schlagsahne
1 Päckchen Vanillezucker
5 Esslöffel Puderzucker + extra Puderzucker
2–3 Esslöffel Erdbeerlikör
500 g halbierte Erdbeeren
- Mit Backpapier belegtes Backblech, Spritzbeutel mit runder Tülle mit 2–3 cm Durchmesser

Den Backofen auf 200 °C vorheizen. Einen Teller mit 20 cm Durchmesser auf das Backpapier legen und mit Bleistift rundherum einen Kreis ziehen.

In einem Topf mit dickem Boden 200 ml Wasser mit der Butter zum Kochen bringen. Umrühren, bis die Butter geschmolzen ist. Den Topf von der Platte nehmen und auf einmal das Mehl in die heiße Flüssigkeit schütten. Mit einem Holzlöffel umrühren, bis sich der Teig vom Topfrand löst.

Den Topf wieder auf die Platte stellen und auf kleiner Hitze umrühren, bis die Masse anfängt zu glänzen. Den Topf wieder von der Platte nehmen und 3–4 Minuten abkühlen lassen. Die Eier einzeln unterrühren. Das nächste Ei erst zugeben, wenn das vorige vollständig in den Teig eingearbeitet ist.

Den Teig in den Spritzbeutel füllen. Den Teig auf die Bleistiftlinie auf dem Backpapier aufspritzen. Einen zweiten Ring innen neben den ersten aufspritzen. Einen dritten Teigring daneben setzen. Den ganzen Teigring mit Mandelblättchen bestreuen.

Den Teigring mit vorgeheizten Backofen 30 Minuten goldbraun backen. Während des Backens den Backofen nicht öffnen, sonst fällt der Teig zusammen! Im ausgeschalteten Backofen abkühlen lassen.

Crème fraîche mit Schlagsahne, Vanillezucker und Puderzucker zu einen dicken Creme aufschlagen. Den Erdbeerlikör einrühren. Den Teigring waagerecht durchschneiden. Die untere Hälfte mit dieser Creme und Erdbeeren füllen. Die obere Hälfte auflegen und mit Puderzucker bestäuben.

Zubereiten: 30 Minuten
Backen: 30 Minuten + Abkühlen

Die Erdbeerzeit ist vorbei? Ersetzen Sie die Erdbeeren durch andere Früchte, die gerade Saison haben, oder lassen Sie die Früchte ganz weg und geben stattdessen gemahlenen Zimt, Spekulatius- oder Kekskrümel oder einen Schuss Erdbeer- oder Zitronenlikör in die Creme.

PARIS-BREST
mit Erdbeeren

Eis

Schokoladeneis am Stiel
Fruchteis mit Rosébier
Eiskekse
Eishörnchen
Eiscreme
Eis-Toppings
Frittiertes Eis
Affogato
Sorbets
Sgroppino

SCHOKOLADENEIS
am Stiel

Fruchteis mit Rosébier

Für 8 Personen
200 Gramm Beeren (z. B. Rote Johannisbeeren, Blaubeeren, Himbeeren und Brombeeren) auf 8 Eisförmchen (Inhalt 100 ml) auf. Gießen Sie 1 Flasche Rosébier (300 ml) in einen Messbecher. 100 ml roten Fruchtsirup und 200 ml Wasser zugeben und über die Früchte gießen. Die Eisstiele einstecken und die Förmchen mindestens 6 Stunden in den Gefrierschrank stellen.

Zubereiten: 10 Minuten
Kühlen: 6 Stunden

Tipp Rosébier ist ein rosarotes Weizenbier, dem Fruchtextrakte oder Fruchtaromen von roten Früchten zugefügt werden. Sie können es mit Berliner Weiße und Sirup nachahmen. Ich ersetze es manchmal auch durch Prosecco oder Cava.

Fruchteis mit ROSÉBIER

EISSANDWICH

EISHÖRNCHEN

Schokoladeneis am Stiel

Für 6 Personen
400 ml H-Sahne
4 Esslöffel Rohrzucker
100 g dunkle Schokolade (Kakaogehalt mind. 70%), in Stücken
50 g fein gehackte weiße Schokolade
- 6 Eisförmchen (Inhalt 75 ml)

Sahne und Zucker in einem Topf zum Kochen bringen. Umrühren, bis sich der Zucker vollständig aufgelöst hat. Die dunkle Schokolade zugeben und auf kleiner Hitze schmelzen lassen. Glatt rühren.

Den Topf von der Platte nehmen und die Schokoladensahne auf Zimmertemperatur abkühlen lassen. Dann in die Eisförmchen einfüllen.

Die Eisförmchen mindestens 6 Stunden in den Gefrierschrank stellen. Sobald die Sahne zu gefrieren beginnt, die Stiele ins Eis stecken und mit weißer Schokolade bestreuen.

> **Tipp** Sie können die Schokoladensahne auch in frostresistente Gläser füllen. Die Schokoladensahne anfrieren lassen und dann die Eisstiele einstecken. Dann die Gläser in den Gefrierschrank zurückstellen und vollständig gefrieren lassen. Das Eis etwas antauen lassen und dann vom Glasrand lösen.

Eissandwich

Für 40 Kekse
250 g gesiebtes Mehl
150 g Butter (Zimmertemperatur)
125 g Zucker
1 Päckchen Vanillezucker
2 Esslöffel Milch
- Handrührer mit Knethaken oder Küchenmaschine, Frischhaltefolie, Keksausstecher, mit Backpapier belegtes Backblech

Aus Mehl, Butter, Zucker, Vanillezucker, Milch und 1 Prise Salz mit dem Handrührer oder in der Küchenmaschine einen glatten Teig kneten. In Frischhaltefolie wickeln und mindestens 30 Minuten in den Kühlschrank legen.

Den Backofen auf 180 °C vorheizen. Den Teig 2–3 cm dick ausrollen und mit den Ausstechern Kekse ausstechen. Die Kekse auf das Blech legen.

Die Kekse im vorgeheizten Backofen 10 Minuten backen. Auf einem Kuchengitter abkühlen lassen und in einer Keksdose aufbewahren.

Zubereiten: 15 Minuten
Kühlen: 30 Minuten
Backen: 10 Minuten

> **Eissandwich** So machen Sie das Sandwich: Ihre Lieblingseissorte aus dem Gefrierschrank nehmen und 5–10 Minuten antauen lassen, damit es etwas weicher wird. Etwas Eis auf einen Keks streichen, einen zweiten Keks auflegen und andrücken. Die Eissandwichs bis zum Servieren zurück in den Gefrierschrank legen.

Eishörnchen

Für circa 20 Stück
75 g Butter
2 Eier
2 Eiweiß
150 g Zucker
1 Päckchen Vanillezucker
150 g Mehl
4 Esslöffel Milch
- Waffeleisen für dünne Waffeln

Die Butter in einem Topf schmelzen und lauwarm abkühlen lassen. Eier, Eiweiß, Zucker und Vanillezucker mit dem Schneebesen schlagen. Die Butter unterrühren. Mehl zugeben und mit der Milch zu einem glatten Rührteig rühren. 15 Minuten ruhen lassen. Das Waffeleisen erhitzen. Etwa 1½ Esslöffel Teig in das Waffeleisen füllen und in 1 Minute goldbraun backen. Die Waffel herausnehmen und sofort – solange sie noch warm und weich ist – zu einem Hörnchen zusammendrehen. Eventuell ein Handtuch zur Hilfe nehmen. Das Eishörnchen abkühlen lassen, dabei wird es knusprig werden. Auf diese Weise Waffeln backen und Hörnchen formen, bis der Teig aufgebraucht ist. Die Hörnchen in einer luftdicht verschlossenen Dose an einem kühlen Ort aufbewahren.

Zubereiten: 1 Stunde
Ruhezeit: 15 Minuten

Tipp Aus einem festen Papier eine konische Form in der Größe eines Hörnchens formen, aber nicht zu eng aufdrehen. Die Waffel rund um diese Form drehen, bis ein Hörnchen entstanden ist. In Geschäften für Küchenutensilien gibt es konische Formen aus Metall.

Vanilleeiscreme

Für 1 Liter
1 Vanilleschote
400 ml Vollmilch
400 ml Schlagsahne
4 Eigelb
150 g Zucker
- Handrührer oder Küchenmaschine, Eismaschine

Die Vanilleschote der Länge nach aufschlitzen. Das Vanillemark mit der Spitze eines scharfen Messer auskratzen. Vanilleschote mit Mark, Milch und Sahne in einen Topf geben. Vorsichtig erwärmen, dabei ständig umrühren, bis die Milch-Sahnemischung kocht.

Die Mischung zugedeckt auf sehr kleiner Hitze noch 15 Minuten ziehen lassen. Mit dem Handrührer oder mit der Küchenmaschine Eigelb und Zucker weiß-schaumig schlagen.

Langsam unter ständigem Rühren die warme Milch-Sahne-Mischung in die Eigelbmasse rühren. Alles zurück in den Topf schütten und mit einem Holzlöffel umrühren, bis die Masse dickflüssig wird und den Löffelrücken bedeckt.

Die Eisgrundmasse durch ein Sieb gießen und auf Zimmertemperatur abkühlen lassen und dabei regelmäßig umrühren. Dann noch mindestens 1 Stunde im Kühlschrank reifen lassen.

Die Eismasse in der Eismaschine etwa 30 Minuten sahnig aufschlagen.

Zubereiten: 30 Minuten + Abkühlen & Aufschlagen in der Eismaschine
Reifezeit: 1 Stunde

Reifen Während des Reifens im Kühlschrank bekommt die Eismasse die richtige Temperatur für das Aufschlagen in der Eismaschine. Außerdem entwickelt sich dabei das Eisaroma besser. Haben Sie also ein Stündchen Geduld, dann schmeckt das Eis noch besser!

Schlagsahne Verwenden Sie am besten haltbare H-Sahne im Karton. Sie ist zum Erhitzen am besten geeignet.

Eismaschine Eismaschinen gibt es in verschiedenen Ausführungen. Zum Aufschlagen der Eismasse folgen Sie den Hinweisen des Herstellers. Die Schüssel der Eismaschine höchstens zu zwei Dritteln füllen. Dann wird das Eis beim Aufschlagen nämlich luftiger und sein Volumen kann sich vergrößern.

Aufbewahren & Servieren Meist wird das Eis nach dem Aufschlagen noch in den Gefrierschrank gestellt, damit es fest wird. Sie können das Eis aber auch länger im Gefrierschrank aufbewahren. Nach 2–3 Tagen im Gefrierschrank bilden sich jedoch Eiskristalle, die den Geschmack beeinträchtigen. Holen Sie das Eis daher 10–15 Minuten vor dem Servieren aus dem Gefrierschrank. So erhält es wieder seine sahnige Textur und seinen vollen Geschmack.

Ziegenmilch Unglaublich lecker: Eis aus (biologische) Ziegenmilch oder aus Ziegenmilchjoghurt. Sie sollten es wirklich probieren!

Vanilleeiscreme, das Grundrezept Dieses Grundrezept können Sie ganz beliebig verändern. Die Vanilleschote können Sie durch eine Zimtstange, 2–3 Stücke Sternanis, 2–3 Lorbeerblätter, ein Tütchen Safran, einige Gewürznelken, einen Stängel Zitronengras oder einige Zweige Estragon ersetzen. Für Stracciatella-Eis Sie gießen nach der Hälfte des Aufschlagens 100 Gramm geschmolzene dunkle Schokolade langsam zum Vanilleeis, so dass sie sofort erstarrt. Ersetzen Sie Milch durch Kokosmilch, dann bekommt das Eis einen tropischen Touch. Für Kokoseis fügen Sie eine Handvoll Kokosraspel dazu.

Erdbeer-Mascarpone-Eiscreme mit Holunderblüten

Für 1 Liter
400 g saftige Erdbeeren
2 Esslöffel Zitronensaft
250 g Mascarpone
400 ml Vollmilch
5 Eigelb
100 ml Holunderblütensirup
- Pürierstab, Handrührer oder Küchenmaschine, Eismaschine

Die Erdbeeren putzen und halbieren. Erdbeeren mit Zitronensaft mit dem Pürierstab pürieren. Das Püree mit Mascarpone vermischen

Die Milch in einem Topf zum Kochen bringen. Mit dem Handrührer oder mit der Küchenmaschine Eigelb und Holunderblütensirup zu einer dicken Creme aufschlagen.

Langsam und unter ständigem Rühren die warme Milch in die Eigelbcreme gießen. Alles wieder zurück in den Topf schütten und mit einem Holzlöffel umrühren, bis die Masse dickflüssig wird und den Löffelrücken bedeckt.

Diese Eismasse durch ein Sieb gießen und mit dem Erdbeerpüree vermischen. Auf Zimmertemperatur abkühlen lassen, dabei regelmäßig umrühren. Dann noch mindestens 1 Stunde im Kühlschrank reifen lassen.

Die Eismasse in der Eismaschine etwa 30 Minuten sahnig aufschlagen.

Zubereiten: 30 Minuten + Abkühlen & Aufschlagen in der Eismaschine
Reifezeit: 1 Stunde

> **Schlanke Variante!** Mascarpone durch Magerquark oder durch Vollmichjoghurt ersetzen.
>
> **Holunderblütensirup** Im Frühjahr können Sie aus den schönen weißen Dolden des Holunders selbst einen leckeren Sirup herstellen. Sie können Holunderblütensirup auch im Bioladen kaufen. Der Sirup kann aber auch durch 125 Gramm Zucker ersetzt werden.

Knackige Walnusseiscreme

Für 1 Liter
250 g Zucker
75 g Walnüsse
500 ml Vollmilch
300 ml Schlagsahne
2 Päckchen Vanillezucker
5 Eigelb
150 ml Walnusslikör
- Mit Backpapier belegtes Schneidbrett, Handrührer oder Küchenmaschine, Eismaschine

100 Gramm Zucker in einem Stieltopf mit dickem Boden in 50 ml Wasser bei mittlerer Hitze auflösen. Gelegentlich umrühren. Wenn der Zuckersirup ganz klar ist, die Temperatur etwas höher stellen und den Zuckersirup goldbraun karamellisieren lassen. Jetzt nicht mehr umrühren, sondern den Stieltopf hin- und her bewegen, damit der Karamell gleichmäßig wird. Die Walnüsse zugeben. Den Karamell auf das Brett schütten und abkühlen lassen.

In einem andern Stieltopf Sahne und Vanillezucker zum Kochen bringen. Mit dem Handrührer oder mit der Küchenmaschine Eigelb und 150 Gramm Zucker zu einer dicken, blassgelben Creme aufschlagen.

Langsam und unter ständigem Rühren die warme Vanillesahne in die Eigelbcreme gießen. Alles wieder zurück in den Topf schütten und mit einem Holzlöffel umrühren, bis die Masse dickflüssig wird und den Löffelrücken bedeckt.

Diese Eismasse durch ein Sieb gießen und den Walnusslikör zugeben. Auf Zimmertemperatur abkühlen lassen, dabei regelmäßig umrühren. Dann noch mindestens 1 Stunde im Kühlschrank reifen lassen.

Die Eismasse in der Eismaschine etwa 30 Minuten sahnig aufschlagen. Den hart gewordenen Walnusskaramell in Stücke hacken und unter die Eismasse heben

Zubereiten: 40 Minuten + Abkühlen & Aufschlagen in der Eismaschine
Reifezeit: 1 Stunde

Latte Macchiato-Eiscreme

Für 1 Liter
800 ml Schlagsahne
6 Eigelb
200 g Zucker
150 ml Espresso
- Handrührer oder Küchenmaschine, Eismaschine

Die Schlagsahne in einem Topf aufkochen. Mit dem Handrührer oder mit der Küchenmaschine Eigelb und Zucker zu einer dicken, blassgelben Creme aufschlagen.

Langsam und unter ständigem Rühren die warme Sahne in die Eigelbcreme geben. Alles wieder zurück in den Topf schütten und mit einem Holzlöffel umrühren, bis die Masse dickflüssig wird und den Löffelrücken bedeckt.

Diese Eismasse durch ein Sieb gießen und den Espresso zugeben. Auf Zimmertemperatur abkühlen lassen, dabei regelmäßig umrühren. Dann noch mindestens 1 Stunde im Kühlschrank reifen lassen.

Die Eismasse in der Eismaschine etwa 30 Minuten sahnig aufschlagen.

Zubereiten: 30 Minuten + Abkühlen & Aufschlagen in der Eismaschine
Reifezeit: 1 Stunde

Extra dunkle Schokoladeneiscreme

Für 1 Liter
300 Gramm dunkle Schokolade (mind. 70% Kakaogehalt)
450 ml Vollmilch
300 ml Schlagsahne
5 Eigelb
150 g Zucker
- Handrührer oder Küchenmaschine, Eismaschine

Die Schokolade grob hacken. 250 ml Milch zum Kochen bringen. Die Schokolade zugeben und auf kleiner Hitze schmelzen lassen. Glatt rühren und von der Platte nehmen.

In einem anderen Topf die restlichen 200 ml Milch mit der Sahne zum Kochen bringen. Mit dem Handrührer oder mit der Küchenmaschine Eigelb und Zucker zu einer dicken, blassgelben Creme aufschlagen.

Langsam und unter ständigem Rühren die warme Milch-Sahne-Mischung in die Eigelbcreme gießen. Alles wieder zurück in den Topf schütten und mit einem Holzlöffel umrühren, bis die Masse dickflüssig wird und den Löffelrücken bedeckt.

Diese Eismasse durch ein Sieb gießen und die Schokolade unterrühren. Auf Zimmertemperatur abkühlen lassen, dabei regelmäßig umrühren. Dann noch mindestens 1 Stunde im Kühlschrank reifen lassen.

Die Eismasse in der Eismaschine etwa 30 Minuten sahnig aufschlagen.

Zubereiten: 30 Minuten + Abkühlen & Aufschlagen in der Eismaschine
Reifezeit: 1 Stunde

> **Tipp** Auch mit Milchschokolade und weißer Schokolade können Sie leckeres Eis herstellen. Im letzten Moment grob gehackte Schokolade unter die Eismasse heben.

Rosmarineiscreme

Für 1 Liter
500 ml Vollmilch
300 ml Schlagsahne
2 Zweige Rosmarin
5 Eigelb
150 g Zucker
- Handrührer oder Küchenmaschine, Eismaschine

Milch, Schlagsahne und Rosmarinzweige in einem Topf aufkochen. Zugedeckt auf kleiner Hitze 15 Minuten ziehen lassen. Mit dem Handrührer oder mit der Küchenmaschine Eigelb und Zucker zu einer dicken, blassgelben Creme aufschlagen.

Die Rosmarinzweige herausnehmen. Langsam und unter ständigem Rühren die warme Milch-Sahne-Mischung in die Eigelbcreme gießen. Alles wieder zurück in den Topf schütten und mit einem Holzlöffel umrühren, bis die Masse dickflüssig wird und den Löffelrücken bedeckt.

Diese Eismasse durch ein Sieb gießen. Auf Zimmertemperatur abkühlen lassen, dabei regelmäßig umrühren. Dann noch mindestens 1 Stunde im Kühlschrank reifen lassen.

Die Eismasse in der Eismaschine etwa 30 Minuten sahnig aufschlagen.

Zubereiten: 30 Minuten + Abkühlen & Aufschlagen in der Eismaschine
Reifezeit: 1 Stunde

> **Variante** Verwenden Sie statt Rosmarin auch einmal Thymian, Estragon oder Zitronenmelisse.
>
> **Schmeckt köstlich dazu…** Warmer Honig und geröstete Pinienkerne passen ganz hervorragend zu Rosmarineiscreme.

Olivenöl-Eiscreme

Für 800 ml
250 ml Vollmilch
400 ml Schlagsahne
1 Päckchen Vanillezucker
5 Eigelb
150 g Zucker
125 ml Olivenöl extra vergine
- Handrührer oder Küchenmaschine, Eismaschine

Milch, Schlagsahne und Vanillezucker in einem Topf zum Kochen bringen. Mit dem Handrührer oder mit der Küchenmaschine Eigelb und Zucker zu einer dicken, blassgelben Creme aufschlagen.

Langsam und unter ständigem Rühren die warme Milch-Sahnemischung in die Eigelbcreme gießen. Alles wieder zurück in den Topf schütten und mit einem Holzlöffel umrühren, bis die Masse dickflüssig wird und den Löffelrücken bedeckt.

Diese Eismasse durch ein Sieb gießen und das Olivenöl zugeben. Auf Zimmertemperatur abkühlen lassen, dabei regelmäßig umrühren. Dann noch mindestens 1 Stunde im Kühlschrank reifen lassen.

Die Eismasse in der Eismaschine etwa 30 Minuten sahnig aufschlagen.

Zubereiten: 30 Minuten + Abkühlen & Aufschlagen in der Eismaschine
Reifezeit: 1 Stunde

> **Schmeckt köstlich dazu…** Einen Spritzer Olivenöl auf die Eiscreme geben und mit Fleur de Sel bestreuen. Oder lassen Sie ein Schälchen Erdbeeren in Ihrem Lieblingsolivenöl marinieren und servieren Sie diese zum Eis.

Spargeleiscreme

Für 1 Liter
500 g weißer Spargel
250 ml Sahne
150 ml Vollmilch
5 Eigelb
225 g Zucker
- Pürierstab oder Küchenmaschine, Eismaschine

Den Spargel schälen. Das untere Ende der Spargelstangen abschneiden, den Rest in Stücke schneiden. In wenig Wasser 20 Minuten kochen, abgießen und mit dem Pürierstab pürieren.

Schlagsahne und Milch in einem Topf zum Kochen bringen. Mit dem Handrührer oder mit der Küchenmaschine Eigelb und Zucker zu einer dicken, blassgelben Creme aufschlagen.

Langsam und unter ständigem Rühren die warme Milch-Sahnemischung in die Eigelbcreme gießen. Alles wieder zurück in den Topf schütten und mit einem Holzlöffel umrühren, bis die Masse dickflüssig wird und den Löffelrücken bedeckt.

Von der Platte nehmen. Das Spargelpüree unterrühren und alles durch ein Sieb passieren. Diese Eismasse auf Zimmertemperatur abkühlen lassen, dabei regelmäßig umrühren. Dann noch mindestens 1 Stunde im Kühlschrank reifen lassen.

Die Eismasse in der Eismaschine etwa 30 Minuten sahnig aufschlagen.

Zubereiten: 45 Minuten + Abkühlen & Aufschlagen in der Eismaschine
Reifezeit: 1 Stunde

> **Schmeckt köstlich dazu...** Servieren Sie diese Eiscreme mit saftigen holländischen Erdbeeren, für das ultimative Frühlingsgefühl.

Avocado-Kokos-Eiscreme

Für 1 Liter
2 reife Avocados
Saft von 1 Limette
1 Dose Kokosmilch (400 ml)
200 ml Schlagsahne
5 Eigelb
150 g Zucker
- Pürierstab, Handrührer oder Küchenmaschine, Eismaschine

Avocados halbieren und öffnen, die Kerne entfernen. Das Fruchtfleisch aus der Schale lösen. Avocadofruchtfleisch mit dem Limettensaft pürieren.

Kokosmilch und Schlagsahne in einem Topf langsam aufkochen. Mit dem Handrührer oder mit der Küchenmaschine Eigelb und Zucker zu einer dicken, blassgelben Creme aufschlagen.

Langsam und unter ständigem Rühren die warme Kokosmilch in die Eigelbcreme gießen. Alles wieder zurück in den Topf schütten und mit einem Holzlöffel umrühren, bis die Masse dickflüssig wird und den Löffelrücken bedeckt.

Diese Eismasse durch ein Sieb gießen und das Avocadopüree zugeben. Auf Zimmertemperatur abkühlen lassen, dabei regelmäßig umrühren. Dann noch mindestens 1 Stunde im Kühlschrank reifen lassen.

Die Eismasse in der Eismaschine etwa 30 Minuten sahnig aufschlagen.

Zubereiten: 30 Minuten + Abkühlen & Aufschlagen in der Eismaschine
Reifezeit: 1 Stunde

> **Reife Avocado** Ob eine Avocado reif ist, sieht man ihr leider nicht von außen an. Drücken Sie ganz leicht auf den Stielansatz, eine reife Avocado gibt etwas nach. Zum Pürieren ist es ganz wichtig, dass die Avocado weich und cremig ist.

Kirschcrumble-Sahneeis

Für 1 Liter
150 ml Kirschsaft
325 Gramm Zucker
75 g Mehl
50 Gramm Butter
(Zimmertemperatur)
400 ml Vollmilch
400 ml Schlagsahne
2 Päckchen Vanillezucker
4 Eigelb
- Mit Backpapier belegtes Backblech, Handrührer oder Küchenmaschine, Eismaschine

Den Kirschsaft mit 100 Gramm Zucker aufkochen. Den Saft 5 Minuten köcheln lassen, ein dicklicher Sirup entstanden ist. Den Topf von der Platte nehmen und abkühlen lassen.

Den Backofen auf 200 °C vorheizen. Aus Mehl, Butter und Zucker einen Teig kneten und auf dem Backblech zerkrümeln. Die Streusel 10–15 Minuten goldbraun backen. Abkühlen lasen, damit sie knusprig werden.

Milch, Schlagsahne und Vanillezucker in einem Topf zum Kochen bringen. Mit dem Handrührer oder mit der Küchenmaschine Eigelb und 150 Gramm Zucker zu einer dicken, blassgelben Creme aufschlagen.

Langsam und unter ständigem Rühren die warme Milch-Sahnemischung in die Eigelbcreme gießen. Alles wieder zurück in den Topf schütten und mit einem Holzlöffel umrühren, bis die Masse dickflüssig wird und den Löffelrücken bedeckt.

Diese Eismasse durch ein Sieb gießen. Auf Zimmertemperatur abkühlen lassen, dabei regelmäßig umrühren. Dann noch mindestens 1 Stunde im Kühlschrank reifen lassen.

Die Eismasse in der Eismaschine etwa 30 Minuten sahnig aufschlagen. Zwei Drittel des Kirschsirups und alle Streusel unter die Eiscreme ziehen. Den restlichen Sirup zur Eiscreme servieren.

Zubereiten: 50 Minuten + Abkühlen & Aufschlagen in der Eismaschine
Backen: 15 Minuten
Reifezeit: 1 Stunde

Tipp Sie können auch den Teigrest von einem Crumble (siehe Seite 184) zerbröseln. Oder ersetzen Sie die knusprigen Streusel durch zerkrümelte Brownies, Cookies, Waffeln oder Butterkekse!

Weiße NOUGATSAUCE

75 Gramm weichen weißen Nougat und 75 Gramm grob gehackte Milchschokolade auf kleiner Hitze in 75 ml Schlagsahne und 50 ml Milch schmelzen lassen. Glatt rühren und über das Eis gießen.

AMARETTI Crunchy

3 Esslöffel flüssigen Honig in einem Topf karamellisieren. Eine Handvoll grob zerkleinerte Amaretti-Kekse zugeben. Ein Holzbrett mit Backpapier belegen und die Honig-Amaretti-Mischung daraufschütten. Abkühlen und fest werden lassen. Den Crunchy in Stücke brechen und über das Eis streuen.

ZITRONEN-ROSMARIN-SAUCE

4 Esslöffel Lemoncurd mit 1 Rosmarinzweig 5 Minuten auf kleiner Hitze erwärmen. Mit Himbeeren und gerösteten Pinienkernen zum Eis servieren.

Leckere Eis-Toppings

Dunkle SCHOKOLADEN-CHILI-SAUCE

125 ml Schlagsahne mit 100 Gramm grob gehackter dunkler Schokolade aufkochen. Die Platte ausschalten und die Sauce glatt rühren. 1 zerkleinerte Chilischote zugeben.

BUTTERSCOTCH mit Fleur de Sel

225 Gramm braunen Zucker mit 75 Gramm Butter in 175 ml Schlagsahne schmelzen. Erhitzen, bis die Sauce dick und glatt ist. Nach Geschmack Fleur de Sel zugeben.

Machen Sie die Panade für das Eis auch einmal aus zerkrümelten Cake- oder Briochestücken

Frittiertes Eis

Für 4 Personen

175 g Butterkekse
2 Eiweiß
4 Esslöffel Mehl
4 Kugeln Eis, ganz nach Geschmack
Öl zum Frittieren
- Backpapier

Die Kekse von Hand oder in der Küchenmaschine zerkrümeln und in einen tiefen Teller geben. Das Eiweiß in einem anderen tiefen Teller verquirlen. Das Mehl auf einen flachen Teller geben.

Die Eiskugeln nacheinander in Mehl, Eiweiß und Keksbrümeln wenden. Darauf achten, dass die Eiskugeln vollständig mit der Panade bedeckt sind. Die panierten Eiskugeln auf ein mit Backpapier belegtes Brett legen und 1 Stunde in den Gefrierschrank stellen.

Das Frittieröl auf 180 °C erhitzen. Die Eiskugeln im heißen Öl 1 Minute goldbraun und knusprig frittieren. Dazu schmeckt Vanille-, Karamell oder eine Fruchtsauce ganz köstlich.

Zubereiten: 25 Minuten
Gefrierschrank: 1 Stunde

Sorbets

ROTWEIN Sorbet

PROSECCO Sorbet

ERDBEER Sorbet

ZITRONEN Basilikum Sorbet

ROSÉBIER Sorbet

ORANGEN Honig Sorbet

Sorbet ist Eis, das auf der Basis von Zuckersirup hergestellt wird. Dem Zuckersirup werden ganz verschiedene Fruchtsorten, aber auch Kaffee, Wein und selbst Bier beigemischt. Sorbeteis ist frisch und fruchtig, und dank der Gelatine hat es einen cremig Geschmack. Anstelle von Gelatine können Sie auch ein geschlagenes Eiweiß für das Sorbet verwenden.

Zitronen-Basilikum-Sorbet

Für 500 ml
1 Blatt Gelatine
6 Zitronen
2 Basilikumstängel
200 g Zucker
- Eismaschine

Die Gelatine 5 Minuten in reichlich kaltem Wasser einweichen. Die Zitronen auspressen und den Saft durch ein Sieb gießen. Die Basilikumblättchen von den Stängeln zupfen.

Zucker mit 125 ml Wasser und den Basilikumstängeln in einen Topf geben und kochen, bis sich der Zucker vollständig aufgelöst hat. Den Topf von der Platte nehmen. Die Gelatine gut ausdrücken und unter Rühren im warmen Zuckersirup auflösen. Noch 5 Minuten ziehen lassen.

Den Sirup durch ein Sieb gießen. Die Basilikumblättchen fein hacken. Zitronensaft und Basilikumblättchen in den Sirup rühren. Auf Zimmertemperatur abkühlen lassen. Die Sorbetmasse im Kühlschrank mindestens 1 Stunde gut abkühlen lassen.

In der Eismaschine 25 Minuten zu einem cremigen Sorbet aufschlagen.

Zubereiten: 20 Minuten + Abkühlen + Aufschlagen in der Eismaschine
Kühlschrank: 1 Stunde

> **Gefüllte Zitronen** Von 4 Zitronen oben und unten eine dünne Scheibe abschneiden. Die Zitronen aushöhlen und in den Gefrierschrank stellen. Die Zitronen kurz vor dem Servieren mit Sorbet füllen.
>
> **Limetten-Sorbet** Verwenden Sie anstelle der Zitronen 8–10 Limetten. Sie brauchen etwa 200 ml Limettensaft.

Orangen-Honig-Sorbet

Für 500 ml
1 Blatt Gelatine
75 g Zucker
75 ml flüssiger Honig
250 ml frisch gepresster Orangensaft
- Eismaschine

Die Gelatine 5 Minuten in reichlich kaltem Wasser einweichen. Zucker und Honig mit 125 ml Wasser in einen Topf geben und kochen, bis sich der Zucker vollständig aufgelöst hat. Den Topf von der Platte nehmen. Die Gelatine gut ausdrücken und unter Rühren im warmen Zuckersirup auflösen.

Den Orangensaft zugeben und auf Zimmertemperatur abkühlen lassen. Die Sorbetmasse im Kühlschrank mindestens 1 Stunde gut abkühlen lassen.

In der Eismaschine 25 Minuten zu einem cremigen Sorbet aufschlagen.

Zubereiten: 20 Minuten + Abkühlen + Aufschlagen in der Eismaschine
Kühlschrank: 1 Stunde

> **Tipp** Schmeckt auch lecker mit Blutorangensaft oder mit Grapefruitsaft.

Rotwein-Sorbet

Für 500 ml
1 Blatt Gelatine
250 Gramm Zucker
1 Zimtstange
250 ml Rotwein,
z.B. Merlot
- Eismaschine

Die Gelatine 5 Minuten in reichlich kaltem Wasser einweichen. Zucker mit 250 ml Wasser und der Zimtstange kochen, bis sich der Zucker vollständig aufgelöst hat. Den Topf von der Platte nehmen. Die Gelatine gut ausdrücken und unter Rühren im warmen Zuckersirup auflösen. Noch 10 Minuten ziehen lassen.

Die Zimtstange herausnehmen. Den Rotwein zugeben. Auf Zimmertemperatur abkühlen lassen. Die Sorbetmasse im Kühlschrank mindestens 1 Stunde gut abkühlen lassen.

In der Eismaschine 25 Minuten zu einem cremigen Sorbet aufschlagen.

Zubereiten: 15 Minuten + Abkühlen + Aufschlagen in der Eismaschine
Kühlen: 1 Stunde

Rosébier-Sorbet

Für 500 ml
1 Blatt Gelatine
250 Gramm Zucker
1 Flasche Rosébier
(300 ml) (Rosébier ist
ein rosarotes Weizenbier,
dem Fruchtextrakte
oder Fruchtaromen
von roten Früchten
zugefügt werden. Sie
können es mit Berliner
Weiße und Himbeersirup
nachahmen.)
- Eismaschine

Die Gelatine 5 Minuten in reichlich kaltem Wasser einweichen. Zucker mit 150 ml Wasser in einen Topf geben und kochen, bis sich der Zucker vollständig aufgelöst hat. Den Topf von der Platte nehmen. Die Gelatine gut ausdrücken und unter Rühren im warmen Zuckersirup auflösen. Das Bier zufügen und auf Zimmertemperatur abkühlen lassen. Die Sorbetmasse im Kühlschrank mindestens 1 Stunde gut abkühlen lassen.

In der Eismaschine 25 Minuten zu einem cremigen Sorbet aufschlagen.

Zubereiten: 15 Minuten + Abkühlen + Aufschlagen in der Eismaschine
Kühlen: 1 Stunde

Auch lecker! Ich mache dieses Sorbet auch gerne mit Weißbier oder Kriek (belgisches Kirschbier).

Prosecco-Sorbet

Für 500 ml
1 Blatt Gelatine
250 g Zucker
250 ml Prosecco
- Eismaschine

Die Gelatine 5 Minuten in reichlich kaltem Wasser einweichen. Zucker mit 250 ml Wasser in einen Topf geben und kochen, bis sich der Zucker vollständig aufgelöst hat. Den Topf von der Platte nehmen. Die Gelatine gut ausdrücken und unter Rühren im warmen Zuckersirup auflösen.

Den Zuckersirup auf Zimmertemperatur abkühlen lassen. Die Sorbetmasse im Kühlschrank mindestens 1 Stunde gut abkühlen lassen.

Den Prosecco zur Sorbetmasse geben und in der Eismaschine 25 Minuten zu einem cremigen Sorbet aufschlagen.

Zubereiten: 15 Minuten + Abkühlen + Aufschlagen in der Eismaschine
Kühlen: 1 Stunde

Erdbeer-Sorbet

Für 500 ml
250 g saftige Erdbeeren, in kleine Stücke geschnitten
1 Esslöffel Zitronensaft
1 Blatt Gelatine
125 g Zucker
- Pürierstab, Eismaschine

Erdbeeren und Zitronensaft mit dem Pürierstab pürieren. Die Gelatine 5 Minuten in reichlich kaltem Wasser einweichen.

Zucker mit 125 ml Wasser in einen Topf geben und kochen, bis sich der Zucker vollständig aufgelöst hat. Den Topf von der Platte nehmen. Die Gelatine gut ausdrücken und unter Rühren im warmen Zuckersirup auflösen.

Das Erdbeerpüree zufügen und auf Zimmertemperatur abkühlen lassen. Die Sorbetmasse im Kühlschrank mindestens 1 Stunde gut abkühlen lassen.

In der Eismaschine 25 Minuten zu einem cremigen Sorbet aufschlagen.

Zubereiten: 15 Minuten + Abkühlen + Aufschlagen in der Eismaschine
Kühlen: 1 Stunde

> **Tipp** Auf dieselbe Weise können Sie Fruchtsorbets aus anderen Früchten herstellen. Anstelle von Erdbeeren können Sie Himbeeren, Waldbeeren, Mango oder Ananas verwenden. Sie sollten immer etwa 250 ml Fruchtpüree haben. Oder haben Sie Lust auf ein pikantes Rhabarber-Sorbet? Das finden Sie auf Seite 19.

Aromatisierter Zuckersirup Sorbet wird aus Zuckersirup gemacht . Dazu wird der Zucker in Wasser aufgelöst. Lassen Sie im Zuckersirup auch 3 Rosmarin- oder Thymianzweige, eine halbe, in Ringe geschnittene Chilischote oder 1 Esslöffel Lavendelblüten ziehen.

Keine Eismaschine? Gießen Sie den Sirup in einen flachen Gefrierbehälter und stellen Sie diesen etwa 5 Stunden in den Gefrierschrank. Rühren Sie die gefrierende Masse jede Stunde mit einer Gabel durch, um die Eiskristalle zu zerbrechen.

Sorbet als Zwischengang im Menü Offiziell wird ein Sorbet in einem klassischen Menü mit vielen Gängen vor dem Hauptgericht als 'Auffrischung' für die Geschmackspapillen serviert. Aber als sommerlicher Abschluss eines Abendessens schmeckt es mindestens genauso gut. Geben Sie in 4 Gläser je 1 Kugel Sorbet ganz nach Ihrem Geschmack und übergießen Sie diese mit 300 ml weißem oder Rosé-Schaumwein.

SGROPPINO

Dieser klassische Cocktail stammt aus der norditalienischen Region Veneto. Dort wird er vor allem als Dessert serviert.

Sgroppino

Für 4 Portionen 4 Kugeln Zitronensorbet mit 4 Esslöffeln Wodka und 400 ml Prosecco in einem Mixer oder mit einem Pürierstab schaumig aufschlagen. In gut gekühlte Champagnergläser füllen und sofort servieren. Ich variiere dieses klassisches Rezept gerne, je nachdem, welches Sorbet ich im Hause habe oder auf welches ich Lust habe. Zum Beispiel mache ich aus Waldbeeren-Sorbet, Crème de Cassis und Rosé-Prosecco ein erfrischendes Waldbeeren-Scroppino.

Reisdesserts

Frittelle di Riso dolce
Buttermilch-Reiskuchen mit Schwarzkirschen
Sahnereis mit Aprikosen-Amaretto-Sauce
Lütticher Reiskuchen
Schokoladenrisotto mit Mascarpone
Reispudding aus dem Backofen

Frittelle di
RISO DOLCE

Frittelle di Riso dolce

Für 8 Personen
150 g Rundkornreis
750 ml Vollmilch
100 g Zucker
Abgeriebene Schale von
1 Zitrone
1 leicht verquirltes Ei
1 Esslöffel Mehl
1,5 Teelöffel Backpulver
1 Liter Sonnenblumenöl
zum Frittieren
150 g Rohrzucker
1–2 Teelöffel gemahlener
Zimt

Den Reis mit Milch, 50 Gramm Zucker und Zitronenschale in einen Topf mit dickem Boden geben. Zum Kochen bringen und auf kleiner Hitze etwa 15 Minuten köcheln. Dabei regelmäßig umrühren. Den Topf von der Platte nehmen und den Reis auf Zimmertemperatur abkühlen lassen.

Ei, Mehl, Backpulver und die restlichen 50 Gramm Zucker in den abgekühlten Reis rühren.

Das Sonnenblumenöl in einer (Frittier-) Pfanne auf 180 °C erhitzen. Mit 2 Esslöffeln aus dem Teig walnussgroße Bällchen formen. In das heiße Öl gleiten lassen. Jeweils 6–8 Bällchen 3–4 Minuten goldbraun frittieren. Eine Platte mit Küchenpapier belegen und die Bällchen darauf abtropfen lassen. Zucker und Zimt vermischen. Die Reisbällchen darin wälzen.

Zubereiten: 40 Minuten + Abkühlen

> **Variante** Diese frittierten Bällchen können Sie auch aus 150 Gramm Risottoreis machen. Den Reis wie für ein Risotto (siehe Seite 232) aus 500 ml Milch, 50 Gramm Zucker und der abgeriebenen Schale einer Zitrone zubereiten.

Buttermilch-Reiskuchen mit Schwarzkirschen

Für 6–8 Personen
150 g Rundkornreis
750 ml Buttermilch
275 g Zucker
50 g Butter
(Zimmertemperatur)
1 Ei
50 g Mehl
1 Teelöffel Backpulver
1 Glas Kirschen im
Saft (360g)
1 Vanilleschote
Puderzucker
- Handrührer, eingefettete
Brot- oder Kastenform
24 x 14 cm

Den Backofen auf 180° vorheizen. Den Reis mit Buttermilch und 75 Gramm Zucker in einem Topf mit dickem Boden erhitzen. Zum Kochen bringen und lassen und dann den Reis auf kleiner Hitze etwa 15 Minuten köcheln. Dabei regelmäßig umrühren. Den Topf von der Platte nehmen und den Reis auf Zimmertemperatur abkühlen lassen.

Den Backofen auf 180 °C vorheizen. Mit dem Handrührer Butter und 50 Gramm Zucker schaumig rühren. Das Ei zugeben. Mehl und Backpulver in die Schüssel sieben und zu einem glatten Teig rühren. Den Reis unterheben und die Masse in die Form füllen. Die Kirschen abtropfen lassen und den Saft auffangen. Die Kirschen in den Teig drücken.

Den Kuchen im vorgeheizten Backofen auf 50–55 Minuten goldbraun backen. Die Vanilleschote der Länge nach aufschneiden. Das Mark mit der Messerspitze eines scharfen Messers auskratzen. Den Kirschsaft mit Vanilleschote und -mark und den restlichen 150 Gramm Zucker kochen, bis sich der Zucker aufgelöst hat. Die Temperatur zurückschalten und auf kleiner Hitze den Sirup etwa 10 Minuten einkochen lassen. Den Sirup abkühlen lassen.

Den Cake aus dem Backofen nehmen und 15 Minuten in der Form abkühlen lassen. Aus der Form lösen und mit Puderzucker bestreuen. Den Cake in kleine Würfel schneiden, auf die Teller verteilen und mit Kirsch-Vanille-Sirup beträufeln.

Zubereiten: 30 Minuten + Abkühlen
Backen: 50–55 Minuten

Buttermilch REISKUCHEN mit Schwarzkirschen

Gießen Sie einen Schuss Kirsch-Vanille-Sirup in Sektgläser. Gießen Sie den Sirup mit einem leicht süßen weißen Schaumwein auf und servieren Sie dieses Getränk zum Cake.

Sahnereis mit
APRIKOSEN-
AMARETTO Sauce

Milchreis wird beim Kochen wunderbar cremig, da das runde Reiskorn viel Flüssigkeit aufnimmt. Probieren Sie vor allem die Frittelle di Riso dolce. BUONISSIMO!

Kochzeit! Bruchreiskörner haben eine kürzere Garzeit als das ganze Korn. Für meine Rezepte können beide Reissorten verwendet werden. Beachten Sie die Kochzeit, die auf der Verpackung angegeben ist.

Milch oder Sahne? Verwenden Sie beim Reiskochen einmal ganz oder teilweise Buttermilch, Sahne oder Kokosmilch für ein kalorienärmeres oder asiatisches Dessert.

Sahnereis mit Aprikosen-Amaretto-Sauce

Für 4 Personen
300 ml Amaretto (Mandellikör)
125 g getrocknete Aprikosen
150 g Rundkornreis
500 ml Vollmilch
250 ml Sahne
50 g Rohrzucker
1 Päckchen Vanillezucker
1 Zimtstange
- Pürierstab

Amaretto und Aprikosen zusammen aufkochen. Die Temperatur zurückschalten und noch 10 Minuten köcheln. Den Amaretto nicht kochen lassen, sonst verdampft er.

Reis mit Milch, Sahne, Zucker, Vanillezucker und Zimtstange in einen Topf mit dickem Boden geben. Aufkochen, dann den Reis auf kleiner Hitze etwa 15 Minuten garen. Dabei regelmäßig umrühren.

In der Zwischenzeit die Aprikosen im Amaretto mit dem Pürierstab pürieren. Auf Zimmertemperatur abkühlen lassen.

Den warmen Reis in 4 kleine Schalen verteilen. Mit etwas Aprikosen-Amaretto-Sauce begießen.

Zubereiten: 20 Minuten

> **Tipp** Übrig gebliebene Aprikosen-Amaretto-Sauce können Sie im Kühlschrank aufbewahren. Sie schmeckt lecker zu Joghurt, Quark und Eis.

Lütticher Reiskuchen

Für 8 Personen
125 g gesiebtes Mehl
2 g Trockenhefe
25 g Butter
(Zimmertemperatur)
60 g Zucker
3 Eigelb
650 ml Vollmilch
75 g Rundkornreis
2 Päckchen Vanillezucker
- Handrührer oder
Küchenmaschine
mit Knethaken
oder Lebensmittel,
eingefettete Kuchenform
mit 20 cm Durchmesser

Etwas Salz in eine Schüssel streuen. Mehl, Hefe, Butter, 2 Teelöffel Zucker, 1 Eigelb und 50 ml Milch zugeben. Mit dem Mixer oder in der Küchenmaschine zu einem glatten Teig kneten. Eventuell noch etwas Mehl zugeben, falls der Teig klebt. Den Teig zu einer Kugel formen und bei Zimmertemperatur 1 Stunde gehen lassen.

In der Zwischenzeit den Reis mit 500 ml Milch und Vanillezucker in einen Topf mit dickem Boden geben. Zum Kochen bringen und dann den Reis auf kleiner Hitze etwa 15 Minuten köcheln lassen. Dabei regelmäßig umrühren. Den Topf von der Platte nehmen und den Reis auf Zimmertemperatur abkühlen lassen.

Den Backofen auf 200 °C vorheizen. 2 Eigelb mit dem restlichen Zucker mit dem Schneebesen schlagen. Die Ei-Zucker-Mischung mit den restlichen 100 ml Milch unter den abgekühlten Reis rühren. Den Hefeteig zu einer 2 mm dicken runden Platte ausrollen und die Kuchenform damit auslegen. Die Reismasse auf den Teigboden schütten.

Den Reiskuchen im vorgeheizten Backofen 20–25 Minuten goldbraun backen.

Zubereiten: 45 Minuten + Abkühlen
Teig gehenlassen: 1 Stunde
Backen: 20–25 Minuten

> **Limburger Reiskuchen** Dieser feste Kuchen ist einer unserer Lieblingskuchen. Wenn er besonders cremig sein soll, dann rühren Sie ein großes Eigelb in den Reis. Das Eiweiß mit 1 Prise Salz steif schlagen. Eine Hälfte unter die Reismasse heben, auf den Kuchenboden geben und die andere Eiweißhälfte darüber-streichen. Wenn der Kuchen aus dem Ofen kommt, dann können Sie ihn mit geschlagener Sahne und einer dicken Schicht geriebener dunkler Schokolade dekorieren.

Schokoladenrisotto mit Mascarpone

Für 6 Personen
1 Liter Vollmilch
50 g Zucker
25 g Butter
300 g Risottoreis
75 g dunkle Schokolade
(mind. 70% Kakaogehalt)
250 g Mascarpone

Milch und Zucker erhitzen. Die Butter in einem Topf mit dickem Boden schmelzen. Risottoreis zugeben und erhitzen, bis die Reiskörner glänzen.

Nach und nach immer wieder eine Portion warme Milch zugeben und den Reis auf kleiner Hitze die Milch aufsaugen lassen. Dabei regelmäßig umrühren. Nach 15–20 Minuten ist der Reis gar.

Die Schokolade fein schneiden oder reiben. Den Mascarpone glatt rühren. Den Topf von der Platte nehmen. Mascarpone und die Hälfte der geriebenen Schokolade unter den warmen Reis heben. Das Risotto auf 4 Teller verteilen und mit der restlichen Schokolade bestreuen.

Zubereiten: 25 Minuten

Lütticher
REISKUCHEN

SchokoladenRISOTTO mit Mascarpone

Reisauflauf aus dem Backofen

Für 2 Personen

Den Backofen auf 160 °C vorheizen. In einer eingefetteten Auflaufform (Inhalt 500 ml) 75 Gramm Reis mit 2 Esslöffeln Zucker vermischen. 400 ml Milch zugeben und gut umrühren. 1 Zimtstange hinzufügen. Einen Deckel auf die Auflaufform legen oder gut mit Alufolie abdecken. Die Form in einem Bräter oder auf einem Backblech in den vorgewärmten Backofen stellen, für den Fall, dass etwas Milch überkocht. Den Reis 40–45 Minuten garen. Den Reisauflauf warm, mit Rohrzucker bestreut servieren, das knistert so lecker …

Zubereiten: 5 Minuten
Backen: 40–45 Minuten

So geht Reisauuauf ganz einfach: Im Backofen garen, das geht von ganz alleine.

Cantuccini

Für circa 24 Kekse

275 g gesiebtes Mehl
1 Teelöffel Backpulver
150 g Zucker
3 Eier
Abgeriebene Schale
von 1 Orange
100 g Mandeln
- Handrührer oder
Küchenmaschine
mit Knethaken, mit
Backpapier belegtes
Backblech

Den Backofen auf 180 °C vorheizen. Mit dem Handrührer oder in der Küchenmaschine aus Mehl, Backpulver, Zucker, Eiern, Orangenabrieb und 1 Prise Salz einen Teig kneten. Den Teig aus der Schüssel nehmen und die Mandeln einkneten. Den Teig zu einer 3–4 Zentimeter dicken Rolle formen. Auf das Backblech legen und im vorgeheizten Backofen 20 Minuten goldbraun backen. Warm in 1–1½ cm dicke Scheiben schneiden. Diese Scheiben zurück aufs Backblech legen und noch 10 Minuten backen, bis sie knusprig sind.

Zubereiten: 20 Minuten
Backen: 30 Minuten

Und nach dem Dessert können Sie diese Cantuccini in ein Glas Vin Santo tunken.

Register

15-Minuten-Tiramisu mit Eierlikör *98*, 99

A

Amaretti Crunchy *216*, 216
Ananas, marinierte, mit Ziegenjoghurt *160*, 161
Aperol-Spritz-Gelee *146*, 148
Apfel-Zimt-Crumble *184*, 188
Apfel-Rhabarber-Crumble 188
Apfel-Rhabarber-Taschen, gefüllt *11*, 13
Aprikosen-Joghurt-Kuchen *162*, 163
Arme Ritter *72*, 73
Arme Ritter, friesisch, mit warmer Kirschkonfitüre *74*, 77
Auflauf mit Pain au chocolat *80*, 81
Avocado-Kokos-Eiscreme *208*, 214

B

Backofen-Rhabarber 16
Basilikumkekse mit Lemoncurd *133*, 134
Bayerische Creme
    Bayerische Creme mit Kaffee *62*, 66
    Bayerische Creme mit Mokka-Tiramisu *100*, 101
Beerenjoghurt, gefroren *107*, 108
Beerenpüree 102
Bitterkoekjes-Pudding *145*, 148
Blondie *25*, 27
Brotauflauf
    Orangenbrotauflauf mit Vanillestreuseln *83*, 84
    Weißer Schokoladenbrotauflauf *71*, 73
Brotmuffins mit Blaubeeren *76*, 77
Brownie *24*, 26
Buttermilch-Reiskuchen mit Schwarzkirschen *228*, *229*
Butterscotch mit Fleur de Sel *217*, 217

C

Cantuccini 236, *237*
Cappuccino-Mascarponecreme *64*, 67
Cheesecake, N.Y. Schokoladen-Karamell *28*, 29
Chilitrüffel mit Meersalz *21*, 22
Chutney aus roten Zwiebeln, Balsamessig & frischen Kräutern *128*, *129*
Cognacmousse *38*, 40

Crema Catalana 53
Crème brûlée *50, 51*, 53–56
    Crème brûlée mit Brombeeren oder Himbeeren *50*, 56
    Crème brûlée mit dunkler Schokolade 51, *54*
    Crème brûlée mit Quark *51*, 55
    Mokka-Crème-brûlée *51*, 54
    Zitronen-Rosmarin-Crème-brûlée *50*, 55
Crème caramel *50, 51*, 56
Croquembouche für zwei *198*, 198
Croissant-Auflauf mit Rhabarber *12*, 13
Crostata mit Kirschen 90
Crottin mit gebratenen Pflaumen und Zitronen-Thymian-Sirup *170*, *171*
Crumble
    Apfel-Zimt-Crumble *184*, 188
    Apfel-Rhabarber-Crumble 188
    Kokoscrumble, gebratene Pflaumen *190*, 191
    Waldbeerencrumble mit Rosmarin *186*, 189

D

Dunkle Schokoladen-Chili-Sauce *217*, 217

E

Eiscreme *208*–215
Eis, frittiert *218*, 218
Eis machen *177*, 178
Eistörtchen mit dreierlei Schokolade *182*, 183
Erdbeeren
    Erdbeerbombe *176*, 177
    Erdbeer-Mascarponeeiscreme mit Holunderblüten *209*, 211
    Erdbeeren-Minz-Coulis *175*, 175
    Erdbeersorbet *220*, 223
    Gebratene Erdbeeren mit Basilikum-Vanillesauce *168*, 169
    Holländischer Erdbeerpudding *153*, 154
Espresso
    Espresso-Granita *63*, 66
    Espresso, Schoko 48
    Espresso-Zabaglione *68*, *69*
    Espresso-Zimt-Likör 61
Estragon-Sahnepudding *119*, 121

F

Französischer Schokoladenkuchen *34*, 35
Friesische Arme Ritter mit warmer Kirschkonfitüre *74*, 77
Frittelle di riso dolce *227*, 228
Frittiertes Eis *218*, 218
Fruchteis 177
Fruchteis mit Rosébier *203*, 203
Fruchtsorbet 223

G

Gebratene Pflaumen mit Kokoscrumble *190*, 191
Gelee
    Aperol-Spritz-Gelee 148
    Prosecco-Gelee mit Sommerfrüchten 155, *156*
Granita
    Espresso-Granita *63*, 66
    Minz-Granita 130, *131*
Grießpudding mit warmer Waldbeerensauce *147*, 149

H

Hangop *106*, 108, 121
Haselnussbiskuit mit Mokkabuttercreme *65*, 67
Haselnuss-Eistorte *180*, 181
Haselnusspraliné 115
Himbeeren
    Streuselkuchen mit frischen Himbeeren *187*, 189
    Himbeer-Tiramisu mit weißer Schokolade *104*, 105
Holländischer Erdbeerpudding *153*, 154
Holländischer Käsekuchen mit Pinienkernen 116, *117*
Holländischer Zucchinicake *140*, 143
Holunderblütensirup 211

I

Eishörnchen 205, 207
Eissandwich 204, 206
Eis-Toppings 216–217
Eistorten 180–183

J

Jannekes Lieblingskuchenteig 88
Joghurtglasur 143
Joghurt-Zitronenkuchen 116, *117*

K

Käsekuchen, holländisch, mit Pinienkernen 116, *117*
Käseplatte 128
Kaffee-Cakes mit Sahne *59*, 61
Karamel, schnell *30*, 30
Kekse, Basilikum- mit Lemoncurd *133*, 134
Kekstrüffel *82*, 84
Kirsch-Clafoutis mit Joghurt *110*, 111
Kirschcrumble-Sahneeis *209*, 215
Kirschtorte *42*, 44
Knusprige Kokosmakronen-Tarteletts *18*, 19
Kräuter-Hangop 121
Kräuter-Ricotta-Tarte *120*, 121
Kräutersahne *126*, 126
Kräuter-Tarteletts *124*, 125
Kräuterteig 162
Kräuterzucker *122*, 122
Kürbiskuchen *140*, 142

L

Latte-Macchiato-Eis *208*, 212
Lemoncurd
    Basilikumkekse mit Lemoncurd *133*, 134
    Selbst herstellen 135
Likör, Espresso-Zimt- 61
Limburger Reiskuchen 232
Limetten-Sorbet 221
Lorbeersirup *123*, 123
Lütticher Reiskuchen 232, *233*

Register

M

Mango-Eis, sahnig *112,* 112
Marmormousse *38,* 40
Meringenparfait, schnelles 178, *179*
Minz-Granita 130, *131*
Moelleux au chocolat 22, *23*
Mokkabuttercreme, Haselnussbiskuit mit *65,* 67
Mokka-Crème brûlée *51,* 54
Mokka-Éclairs *195,* 197
Mokkamousse, 10-Minuten *38,* 40
Mousse 32, *33*
 10-Minuten Mokkamousse *38,* 40
 Cognacmousse *38,* 40
 Frische Zitronenmousse 108, *109*
 Marmormousse *38,* 40
 Orangen-Schokoladenmousse-Torte *39,* 41
 Schokoladenmousse mit Olivenöl *38,* 40
 Schokoladenmousse *38,* 40
 Süße Avocadocreme mit weißer Schokolade *137,* 138
Muffins mit Blaubeeren *76,* 77

N

Nektarine, saftig *164,* 166
Nougatsauce *216,* 216
N.Y. Schokoladen-Karamell-Cheesecake *28,* 29

O

Olivenöleiscreme *209,* 213
Orange
 Karamellisierte Orange mit Sherry-Mascarpone *164,* 166
 Orangenbrotauflauf mit Vanillestreuseln *83,* 84
 Orangen-Honig-Sorbet *220,* 221
 Orangen-Joghurt-Soufflé *113,* 115
 Orange-Schokoladenmousse-Torte *39,* 41

P

Panna cotta mit Waldbeeren *152,* 154
Paprika in Orangen-Ingwersirup *137,* 138
Paris-Brest mit Erdbeeren 200, *201*
Pastinakenkuchen mit Vanilleguss *140,* 141
Pfirsich, gefüllt *165,* 167

Pflaumen
 Crottin mit gebratenen Pflaumen und Zitronen-Thymian-Sirup 170, *171*
 Gebratene Pflaumen mit Kokoscrumble *190,* 191
Prosecco-Gelee mit Sommerfrüchten 155, *156*
Prosecco-Sorbet *220,* 223
Pudding 144–158
 Estragon-Sahnepudding *119,* 121
 Rosmarinpudding 121
 Spargelpudding mit Erdbeer-'Tatar' *137,* 139
 Zitronen & Limetten-Sahnepudding *157,* 157

R

Reisauflauf aus dem Backofen 235
Rhabarber 6–19
 Pikantes Rhabarber-Sorbet *17,* 19
 Rhabarber-Eierlikör-Trifle *17,* 19
 Rhabarber im Einmachglas mit Zitronen-Thymian-Zucker *7,* 9
 Rhabarber-Quarkkuchen 14, *15*
 Schneller Rhabarberkuchen mit Vanillecreme *8, 9*
 Umgedrehte Rhabarber-Tarte *137,* 139
Ricotta-Mineola-Halbgefrorenes *173,* 174
Ricotta-Tiramisu *95,* 99
Risotto, Schokolade mit Mascarpone 232, *234*
Rotwein-Sorbet *220,* 222
Rosébier-Sorbet *220,* 222
Rosmarin
 Rosmarineiscreme *208,* 213
 Rosmarinpudding 121
 Rosmarinsirup 123
 Rosmarintrüffel mit Meersalz *21,* 22

S

Sahneeis mit Aprikosen-Amaretto-Sauce *230*, 231
Sahnejoghurt im Glas mit marinierten Früchten *114*, 115
Sahnepudding, Zitrone & Limette *157*, 157
Sahniges Mango-Eis *112*, 112
Saucen
    Aprikosen-Amaretto-Sauce 231
    Dunkle Schokoladen-Chili-Sauce *217*, 217
    Zitronen-Rosmarin-Sauce *217*, 217
    Nougatsauce 216
    Heiße Beerensauce 149
    Butterscotch mit Fleur de sel *217*, 217
Schoko-Espresso 48
Schokolade 20–49
Schokolade & Wein 48
Schokolade schmelzen 48
Schokoladen-Affogato *219*, 219
Schokoladenbällchen, frittiert *43*, 44
Schokoladeneis am Stiel *202*, 206
Schokoladeneiscreme, extra dunkel *208*, 212
Schokoladenfondue 48
Schokoladen-Karamell-Cheesecake *28*, 29
Schokoladenkuchen, französisch *34*, 35
Schokoladenmilch, echte 48
Schokoladenmousse *38*, 40
Schokolademousse mit Olivenöl *38*, 40
Schokoladenpäckchen *31*, 31
Schokoladen-Panna-Cotta *49*, 49
Schokoladenplatte 48
Schokoladenpudding mit Butterscotchsauce *150*, 151
Schokoladenraspel 40
Schokoladenrisotto mit Mascarpone *232*, 234
Schokoladen-Rosmarin-Creme *127*, 128
Schokoladensauce, heiße 199
Schokoladensoufflés, kleine *36*, 37
Schokoladen-Tiramisu 'in coppa' *92*, 96
Sgroppino *225*, 225
Sirup
    Aromatisierter Zuckersirup 224
    Lorbeersirup *123*, 123
    Orangen-Ingwersirup *137*, 138
    Rosmarinsirup 123
    Zitronen-Thymian-Sirup *170*, *171*
Sommertarte mit gegrilltem Pfirsich *159*, 161
Sorbet 220–223
    Pikantes Rhabarbersorbet *17*, 19
Soufflé
    Kleine Schokoladensoufflés 36, *37*
    Orangen-Joghurt-Soufflé *113*, 115
Spargelpudding mit Erdbeer-'Tatar' *137*, 139
Spargeleiscreme *209*, 214
Süßkartoffel-Schokoladenkuchen *140*, 142
Stachelbeerkuchen *86*, 89
Streuselkuchen mit frischen Himbeeren *187*, 189
Streusel mit Pep *193*, 193

T

Tarte
    Aprikosen-Joghurt-Kuchen 162, *163*
    Crostata mit Kirschen *87*, 90
    Eistorten 180–183
    Französischer Schokoladenkuchen *34*, 35
    Holländischer Käsekuchen mit Pinienkernen 116, *117*
    Joghurt-Zitronenkuchen 116, *117*
    Klassische Tarte Tatin 91
    Kokoscrumble mit gebratenen Pflaumen *190*, 191
    Kräuter-Tarteletts *124*, 125
    Limburger Reiskuchen 232
    Lütticher Reiskuchen 232, *233*
    N.Y. Schokoladen-Karamell-Cheesecake *28*, 29
    Orangen-Schokoladenmousse-Torte *39*, 41
    Pastinakenkuchen mit Vanilleguss *140*, 141
    Sommertarte mit gegrillten Pfirsichen *159*, 161
    Süßkartoffel-Schokoladenkuchen *140*, 142
    Stachelbeerkuchen *86*, 89
    Streuselkuchen mit frischen Himbeeren *187*, 189
    Tarte Tatin mit Birnen *87*, 91
    Umgedrehte Rhabarber-Tarte *137*, 139
    Zitronenbaiser-Kuchen *86*, 88

Register

Teig
    Kräuterteig 162
    Jannekes Lieblingskuchenteig 88
Tiramisu
    15-Minuten-Tiramisu mit Eierlikör *98*, 99
    Bayerische Creme mit Kaffee 100, *101*
    Frisches Zitronen-Tiramisu *94*, 97
    Himbeer-Tiramisu mit weißer Schokolade *104*, 105
    Klassisches Tiramisu *93*, 96
    Ricotta-Tiramisu *95*, 99
    Tiramisu aus dem Backofen *75*, 77
Torta Caprese *46*, 47
Trifle, Rhabarber-Eierlikör *17*, 19
Trüffel
    Chilitrüffel mit Meersalz *21*, 22
    Kekstrüffel *82*, 84
    Rosmarintrüffel *21*, 22

V

Vanille
    Klassische Vanillesauce 169
    Schneller Rhabarberkuchen mit Vanillecreme 9
    Vanilleeiscreme *209*, 210
    Vanilleguss 141
    Vanilleparfait 174

W

Waffelauflauf mit Erdbeeren und Schlagsahne 78, *79*
Waldbeeren-Charlotte 102, *103*
Waldbeerencrumble mit Rosmarin *186*, 189
Walnusseiscreme, knackig *208*, 211
Weinschaum mit Thymian *132*, 134
Weißer Schokoladenbrotauflauf *71*, 73
Weißes Schokoladenmousse-Karree mit Himbeeren 32, *33*
Windbeutel 194–201
    Grundrezept *194*, 196
    Profiteroles *199*, 199
    Windbeutel mit Eis *199*, 199

Z

Zabaglione
    Espresso-Zabaglione 68, *69*
    Zabaglione für Kinder 68
Zitrone
    Zitronenbaiser-Kuchen *86*, 88
    Zitronen-Basilikum-Sorbet *220*, 221
    Zitronenmeringue *86*, 88
    Zitronen-Rosmarin-Crème-brûlée *50*, 55
    Zitronen-Rosmarin-Sauce *217*, 217
    Zitronen-Thymian-Sirup 170, *171*
    Zitronen-Tiramisu, frisches *94*, 97
    Zitronenmousse, frische 108, *109*
    Zitronen & Limetten-Sahnepudding *157*, 157
Zucchinicake, holländisch *140*, 143

Kursive Seitenzahlen verweisen auf die Rezeptfotos.

Jannekes allerliebste Lieblingsdesserts

Oft wird mir die Frage gestellt, welches denn nun mein absolutes Lieblingsdessert sei. Das ist wirklich schwierig... Ich kann aber hier meine Top-10-Desserts angeben, die ich immer wieder unheimlich gerne esse.

1
Weißes Schokoladenmousse-Karree mit Himbeeren

2
Schokoladen-Panna-Cotta

3
Zitronentiramisu

4
Frische Zitronenmousse

5
Orangen-Joghurt-Soufflé

6
Käse mit Chutney aus roten Zwiebeln, Balsamessig & frischen Kräutern

7
Haselnuss-Eistorte

8
Mokka-Éclairs

9
Frittiertes Eis

10
Frittelle di Riso dolce